Tom Küchler

HIRNgeküsst

Nützliche Tools zur Veränderung von inneren Bildern, Mindsets und Glaubenssätzen

Vandenhoeck & Ruprecht

Mit 16 Abbildungen

Bibliografische Information der Deutschen Nationalbibliothek:
Die Deutsche Nationalbibliothek verzeichnet diese Publikation in der
Deutschen Nationalbibliografie; detaillierte bibliografische Daten sind
im Internet über https://dnb.de abrufbar.

© 2023 Vandenhoeck & Ruprecht, Robert-Bosch-Breite 10, D-37079 Göttingen,
ein Imprint der Brill-Gruppe
(Koninklijke Brill NV, Leiden, Niederlande; Brill USA Inc., Boston MA, USA;
Brill Asia Pte Ltd, Singapore; Brill Deutschland GmbH, Paderborn, Deutschland;
Brill Österreich GmbH, Wien, Österreich)
Koninklijke Brill NV umfasst die Imprints Brill, Brill Nijhoff, Brill Hotei,
Brill Schöningh, Brill Fink, Brill mentis, Vandenhoeck & Ruprecht, Böhlau,
V&R unipress und Wageningen Academic.

Alle Rechte vorbehalten. Das Werk und seine Teile sind urheberrechtlich
geschützt. Jede Verwertung in anderen als den gesetzlich zugelassenen Fällen
bedarf der vorherigen schriftlichen Einwilligung des Verlages.

Umschlagabbildung: Fida Olga/Shutterstock.com

Satz: SchwabScantechnik, Göttingen
Druck und Bindung: BALTO print, Vilnius
Printed in the EU

Vandenhoeck & Ruprecht Verlage | www.vandenhoeck-ruprecht-verlage.com
E-Mail: info@v-r.de

ISBN 978-3-525-40865-0

Inhalt

Küsse fürs Gehirn – eine Einführung 9
Fachlichkeit mit Augenzwinkern 10
Für wen ist das Buch? 11
Was passiert in den Kapiteln? 12
Die Auswirkungen der inneren Bilder 13
Warum sich die Arbeit an inneren Bildern lohnt 15

Erster Kuss: Worum geht's? Gedanken zum Einstieg 19
Der TPHG-Check 20
Das Zusammenspiel von Hirn, Herz und Hand 22
Der soziopsychobiologische Blick 22
Das potenzialGPS 25

Zweiter Kuss: Die sieben Facetten der Mindset-Veränderung 30
Facette 1: Die Frage nach dem Wer, Wohin und Wofür 31
Das IKEA-Maßband 33
Friedhofbesuch und Grabredeübung 34
Am Arsch vorbei geht auch ein Weg 35
Museum Ihres Lebens 36

Facette 2: Begrenzungen und Quellen identifizieren 37
Denkmuster auf Funktionalität prüfen 37
»Infektionen« 38
Die Top Five der Lösungsblockaden 39
Kontextfokussierung 41
Männliche und weibliche Ahnen und das Credogramm 42
Die »Schatten« 44
Der Eisberg 45

Die Energie 47
Werte-Check 49
Stress- und Verhaltensreflexion mit dem ABC-Modell:
Erfahrung, Bewertung und Reaktion 50
Stressverstärker – Reflexion mit Mischpult und Bühne 53
Das Bewertungssystem 55

Facette 3: Würdigung und Ressourcen 57
Würdigende Danksagung 57
Soundeffekte 58
Gegenspieler und Gegenspielerinnen 59
Soziales Netz und Ressourcenlandkarte 59
Streleckys Spielplatz 59

Facette 4: Disputation, Transformation oder Defusion 60
Die leere Wohnung 60
Auf der Couch mit der Herkunftsfamilie 61
Ein Plausch mit den inneren Antreibern und Antreiberinnen 62
Die Elefantenmethode 62
Sprachliche Quickies und Shorties 63
Gespräche mit Sokrates, Perls, Satir und Katie 63
Die Verflüssigung der Irrationalität 66
Tassen-Aufstellung 68
Die Glaubenspolaritäten 72
Clean Space 73
Mit ACT aktiv Verknotungen lösen 74

Facette 5: Hirnküsse und Mottoziele (er)finden 78
An eigenen Werten und Zielen orientieren: die Selbstverpflichtung 79
Die Copy-Paste-Strategie 79
Erlaubnissätze wachküssen 80
Verknüpfung des Erlaubnissatzes mit einem Mottoziel 81
Die fünf Freiheiten als Bezugsrahmen 82
Fünf Lösungsoptionen für Lösungsblockaden 82
Die Balance der Kernbedürfnisse als Referenzrahmen 83
10scales4life 83
Hirnkuss-Check 85

Facette 6: Perspektive und Verkörperung 85
Die hirngeküsste Wunderfrage 85
S.M.A.R.T. war gestern – Ziele effektiver definieren 87
Die Spieglein-Spieglein-Strategie 83
Das Somatogramm 83
Der Lösungskörper 89
Liebesbrief an meinen Körper 90

Facette 7: WOOPen und verankern 90
Motivations-Check 91
Anker setzen 91
Das Wunderrad WOOPen 92
Mentorinnen und Mentoren für die Zukunft 94
Die 3steps4solution 95
Die Reflexion mit der Fingertechnik 96
Rituale nutzen 97
Grüße an Gehirn und Körper 97

Dritter Kuss: Die Pippi-Langstrumpf-Strategie 98
Verbundenheit und Loyalität 99
Autonomie und Gestaltungsfreude 99
Balanceakte 100
Pippi und Annika (und was ist eigentlich mit Tommy?) 102
Glaubenssätze mit Annika, Pippi und dem Lebenssinn in Reflexion bringen 105
Die »Tommy-Kompetenz« nutzen 108

Vierter Kuss: Gedanken zum Abschluss in der Wunderbar 110

Dank 114

Literatur 115

Küsse fürs Gehirn – eine Einführung

Wenn Sie – oder diejenigen, mit denen Sie arbeiten –, »hirngeküsst« sind, dann gehören Sie nicht oder nicht mehr zu den Menschen, die möglicherweise ein hohes Stressempfinden haben, zu den Menschen, denen es schwerfällt, Ziele zu erreichen oder die eigenen Potenziale zu entfalten. Ihnen ist es dann möglich, gute Entscheidungen zu treffen oder gar die Motivation zu halten. Sie haben dann keine oder viel weniger negative Gedanken und Gefühle, weniger »Äffchen im Kopf«. Höchstwahrscheinlich sind dann Ihre »Emokokken-« oder »Kognokokken«-Infekte (vgl. Bohne, 2007), also Ansteckungen mit Emotionen oder Kognitionen anderer Menschen, gut verheilt oder es hat sie niemals gegeben. Sie leiden dann auch nicht oder nicht mehr unter, wie ich es nenne, »Soll-Zwängen«, »Muss-Phrenie«, »Selbstbewusstseinsarmut«, »Man-Sagertum«, »Ja-aber-titis« oder anderen Selbstsabotageprogrammen.

Leider sind aber unsere Köpfe oft voll ungünstiger Denkkonstruktionen und kognitiver Verzerrungen – oder, wie ich es ganz wohlwollend nenne, »Hirnstuss«. Sie haben einen enormen, nicht gerade günstigen Einfluss auf unser Wohlbefinden und unsere zwischenmenschlichen Beziehungen.

Hirnstuss sind zum Beispiel solche Aussagen wie:

»Das haben wir schon immer so gemacht!« oder
»Ich kann das nicht!«/»Das habe ich noch nie gebracht« oder
»Ich bin nichts wert« oder
»Das machen die, um uns zu schaden« oder
»Erst wenn ich alles perfekt erreicht habe, darf ich mich ausruhen« oder
»Ich muss es allen recht machen« oder
»Ich darf mir keine Fehler leisten« oder
»Man darf keine Schwäche zeigen« oder
»Man darf nicht Nein sagen!« oder
»Das muss man doch so machen!« oder
»Wenn mein Chef nicht für mich ist, dann ist er gegen mich!«

Wie oft resultieren aus einem derartigen Denken Unwohlsein und Stress, welche sich in diversen Spielformen zeigen: Gereiztheit, Anspannung, erhöhte Fehlerquote, Konzentrationsstörungen oder diverse körperliche Beschwerden. Das braucht nun wirklich niemand. Deshalb möchte ich mit Ihnen gemeinsam in diesem Buch darüber nachdenken, wie wir dieses Bewertungssystem so verändern können, dass aus »Hirnstuss« eben ein »Hirnkuss« wird. Hin und wieder können wir unsere Umwelt nicht verändern, jedoch haben wir immer die Möglichkeit, unser Denken für uns förderlicher zu gestalten. Dafür ist es sinnvoll, eigene Denkprozesse unter die Lupe zu nehmen und die »inneren Landkarten« – heute nennen wir dies gern »Mindset« – näher zu erkunden. Mein Job wird es im Folgenden sein, Sie dabei zu unterstützen. Ich möchte Ihnen in diesem Buch verschiedene Modelle und theoretische Konzepte vorstellen und Sie mit zahlreichen Fragen zur Reflexion einladen. Sie können sie für sich selbst oder für die Begleitung von anderen Menschen nutzen. Nicht alle Tools und Reflexionsmöglichkeiten, die Sie auf unserer gemeinsamen Reise kennenlernen, müssen genutzt werden – ich mache Ihnen lediglich Angebote und Sie prüfen, bei welchen Sie in Resonanz kommen. Vielleicht nehmen Sie sich sogar ein kleines Notizbuch zur Hand, in dem Sie Ihre Gedanken sortieren und Ergebnisse bündeln? Starten wir einfach. Hier sind die ersten Fragen, nehmen Sie sich gern etwas Zeit zum Nachdenken:

- Was sind Ihre kühnsten[1], vielleicht Ihre allerkühnsten (besten und mutigsten) Hoffnungen, wie sich die Beschäftigung mit diesem Thema irgendwann in Ihrem Leben auswirken könnte?
- Was ist der rote Faden in Ihrem Leben? Worin besteht für Sie Ihr Lebenssinn? Was ist Ihr Kompass?
- Was, glauben Sie, sind Ihre bisher noch nicht entdeckten Ressourcen?

Ich wünsche uns eine gute Reise!

Fachlichkeit mit Augenzwinkern

Das Thema dieses Buches ist, wie erwähnt, der Umgang mit Hirnstuss und dessen Verwandlung in Hirnkuss. Ich hoffe, dass – allein schon durch den Titel – ersichtlich ist, dass dies ein Fachbuch mit Augenzwinkern sein soll. Wenn

---

1 Die Frage nach der »kühnsten Hoffnung« geht auf Peter Szabó (2015) zurück.

ich von »Hirnstuss« spreche und damit Ihre/unsere/meine (manchmal nicht sehr nützlichen) Gedanken, Ansprüche, Glaubenssätze, Werte, irrationalen Gedanken und kognitiven Verzerrungen meine, dann tue ich dies mit ganz viel Herz und Wertschätzung. Ich möchte niemandem zu nahetreten, mich über niemanden erheben. Ich möchte Sie, uns, mich aber anregen, den Hirnstuss ab und zu zu überprüfen und den Umgang damit zu reflektieren und zu verändern. Optimalerweise tun wir uns mit Hirnküssen in Form von Erlaubnissätzen oder Mottozielen (ich werde noch ausführlich erklären, worum es sich dabei handelt) etwas Gutes, lassen uns wachküssen. Darum geht es hier. Ich trage Modelle, Theorien und Ansätze zu einem integrativ-pragmatischen Konzept zusammen, welche ich in meiner Tätigkeit als Potenzialentfalter und Kulturwandler entdeckt, entwickelt und ausprobiert habe.

Ach ja, bevor ich es vergesse – das Buch könnte den Anschein erwecken, dass ich zur Gattung der »Tooligans« gehöre, da es vor Werkzeugen nur so wimmelt. Ich habe jedoch lediglich Gedankenangebote gesammelt, keine Wahrheiten, nur Nützlichkeiten. In der Arbeit mit Menschen sind Tools für mich zweitrangig, im Vordergrund steht die Beziehung zu ihnen. Eine humanistische Haltung ist mir wichtig. Dank der Forschung wissen wir, dass Methoden und Techniken die kleinste Rolle spielen, wenn es um den »Erfolg« einer Beratung oder Therapie geht. Im Selbstmanagement können Tools und Modelle jedoch spannende, wirkungsvolle Anregungen bieten – deshalb auch dieses Buch.

Für wen ist das Buch?

Ich arbeite einerseits als aktiver Therapeut, Berater, Coach, Supervisor und Organisationsentwickler, und andererseits bin ich Lehrender für Menschen, die eine systemische Weiterbildung in diesen Bereichen absolvieren. Genau an diesen Adressatenkreis richtet sich dieses Buch. Ich möchte Ihnen ein Denk- und Handwerkszeug anbieten, mit welchem Sie andere Menschen bei der Veränderung von inneren Bildern und Mindsets begleiten können. Gleichzeitig habe ich Sie als Person im Blick und möchte Sie unterstützen, eigene Glaubenssätze zu reflektieren und vielleicht auch in Veränderung zu bringen. Selbstbeobachtung und Selbstcoaching sind für diejenigen, die andere Menschen begleiten, essenziell.

In meiner Arbeit vertraue ich den Selbsthilfepotenzialen meiner Kundinnen und Kunden, da ich davon ausgehe, dass Menschen alle Ressourcen in sich tragen, die sie zur Lösung ihrer Anliegen benötigen. Gleichfalls bin ich mir als professioneller Begleiter bewusst, dass Hilfe immer wieder Abhängigkeiten oder schiefe Ebenen schaffen kann. Deshalb ist es mir wichtig, so wenig wie möglich vorzugeben, weil ich daran glaube, dass Menschen gut für sich sorgen können und Ideen haben, wie sie ihre Lösungen finden. Manchmal reicht dafür Selbstreflexion aus – wie zum Beispiel mittels der (Frage-)Techniken aus diesem Buch. Es kann jedoch auch sein, dass diese Techniken nicht oder nur weniger gut gelingen. Ich würde Ihnen dann den Mut wünschen, professionelle Hilfe anzunehmen. Eine externe Beraterin oder ein externer Berater kann Sie gut unterstützen (wenn Sie wollen). In Beratungsgesprächen können Sie gemeinsam vertiefen, dranbleiben, nützliche Fragestellungen entwickeln sowie andere Perspektiven und Wahlmöglichkeiten entdecken. Also: Wenn das mit diesem Buch nicht funktioniert – machen Sie es anders! Ich möchte mich hier nicht in den Psychoboom von Ratgebern der »Persönlichkeitsentwicklung« eingliedern, welche suggerieren, dass Sie noch optimierter durch das Leben rennen sollen. Im Gegenteil! Ich möchte, um in der Sprache meiner Kinder zu sprechen, »Ihre Basis chillen«. Mir geht es darum, Gesundheit zu fördern! Dazu gehört es vielleicht, sich etwas mehr an Entspannung zu erlauben, auf eigene Bedürfnisse zu achten, bestimmte Gegebenheiten und auch sich selbst anzunehmen und zu akzeptieren.

Was passiert in den Kapiteln?

In einem ersten Einstiegsteil spreche ich über ein paar nützliche Grundmodelle, über verändernde Einflussfaktoren und über Motivation. Ebenso werde ich beschreiben, wieso und wann mein Fokus konkret auf der Arbeit mit Glaubenssätzen liegt.

Im zweiten Teil bewegen wir uns Schritt für Schritt vom Hirnstuss zum Hirnkuss: Ich stelle sieben Facetten zur Veränderung von hinderlichen Glaubenssätzen vor und unterlege diese mit zahlreichen Tools zur Reflexion und Bearbeitung.

Der dritte Teil steht unter der Schirmherrschaft von Pippi Langstrumpf. Ich thematisiere, welche Rolle die beiden menschlichen Grundbedürfnisse Autonomie und Verbundenheit spielen und wie wir diese nutzen können.

Im letzten Teil möchte ich Sie in die Wunderbar einladen und Sie danach mit ein paar guten Wünschen entlassen.

Die Auswirkungen der inneren Bilder

Wie ich schon andeutete, gibt es förderliche (Hirnküsse) und hinderliche (Hirnstuss) Glaubenssätze. Glaubenssätze (oder auch Einstellungen) sind Kopfsache. Sie sind unsere generalisierten Leitprinzipien. Sie bestehen aus Überzeugungen, Einstellungen (über uns, über die Welt, über Veränderungen und Motivation und vieles mehr), Arbeits- und Verhaltensprinzipien sowie Ursache-Wirkungs-Ideen. Sie sind die inneren Landkarten, die wir benutzen, um der Welt Sinn zu geben, und sie bieten uns Stabilität und Kontinuität (vgl. O'Connor u. Seymour, 2010). Glaubenssätze sind nicht genetisch festgelegt, sondern sie sind unsere eigenen Konstruktionsleistungen aus den Erlebnissen in Herkunftsfamilie, Kita, Schule, Arbeit, Privatleben und Gesellschaft. Wir entwickeln innere Bilder und Glaubenssätze (Mindsets) dadurch, dass wir unsere Erfahrungen, die wir mit der Welt und unseren Mitmenschen in der Erziehung und Sozialisation gemacht haben, generalisieren, das heißt, dass wir Verallgemeinerungen ableiten.

Wenn wir etwas glauben, verhalten wir uns oft so, als sei es »wahr«. Sie kennen vielleicht den Placebo-Effekt: Medikamente wirken, obwohl keine Wirkstoffe enthalten sind. Selbst bei Operationen (informieren Sie sich einmal über »Placebo-Chirurgie«) scheint dies zu funktionieren. Sicher haben Sie ebenso etwas von den selbsterfüllenden Prophezeiungen (Pygmalion-Effekt) gehört: Wenn ich glaube, ich schaffe das, dann schaffe ich das. Hoffnung ist das Prinzip! Der Glaube versetzt eben Berge. Negative Glaubenssätze und Gedanken hingegen sind wie Türsteher, die den Zutritt zu unseren Potenzialen verhindern und unsere Möglichkeiten zu einer nützlichen Lösungsfindung blockieren, sie sind vergleichbar mit »inneren Diktatoren« (Hayes, 2020, S. 46), die uns antreiben und bestimmen können. Wenn diese inneren Diktatoren uns in die Quere kommen, geraten wir in ein Muster der psychischen Starrheit, wie es der Begründer der Akzeptanz- und Commitmenttherapie (ACT) Steven C. Hayes beschreibt. Diese Starrheit ist im Grunde die Verdrängung von negativen Gedanken und Gefühlen. Sie schafft den Nährboden für diverse körperliche und psychische Störungen und Auffälligkeiten (vgl. Hayes, 2020).

Gedanken und Glaubenssätze sind nicht löschbar. Der Versuch, Denkkonstrukte und Gefühle zu beseitigen, grundlegend zu transformieren oder umzustrukturieren, ist wenig erfolgreich. »Unser Nervensystem besitzt keine ›Löschtaste‹, und Gedanken und Erinnerungsprozesse sind viel zu komplex, um sie zu vereinfachen und in Ordner abzulegen« (S. 30). Zwar gibt Hayes an: »Die Psychologie kennt kein ›Verlernen‹«, es könne sogar sein, dass negative Gedanken reaktiviert werden, wenn wir versuchen, sie mit positiven Denkkonzepten zu bekämpfen (S. 111), dennoch gibt es Möglichkeiten, den Umgang mit hinderlichen Glaubenssätzen über verschiedene Strategien zu verändern. So besteht beispielsweise die Möglichkeit des Umdenkens (u. a. Rational-Emotive Therapie, kognitive Verhaltenstherapie). Ebenso kann die Verkettung (Fusion) von Glaubenssätzen und Verhaltensweisen »entkettet«, also gelöst werden (Defusion), womit sich die Akzeptanz- und Commitmenttherapie (ACT) beschäftigt. Glaubenssätze »speichert« auch der Körper; zur Bearbeitung dessen dienen körperorientierte Verfahren (z. B. hypnosystemische Therapie, Zürcher Ressourcen Modell/ZRM) oder Klopftechniken, wie sie beispielsweise in der Prozess- und Embodimentfokussierten Psychologie (PEP) eine Rolle spielen (vgl. Bohne, 2010). Da Glaubenssätze auch im Bezug zur Herkunftsfamilie und der aktuellen Lebenswelt stehen, kann unter anderem die Familientherapie nützlich sein (z. B. Genogramm/Arbeit mit Themen der Herkunftsfamilie). Zudem sind Glaubenssätze Ausdruck von Kommunikationsformen innerhalb der sozialen Umgebung. Damit befasst sich unter anderem auch die Systemische Therapie (z. B. mittels methodischer Ansätze wie der Teile-, Genogramm- und Soziogrammarbeit). Sollen neue Hirnküsse und Ziele entwickelt werden, sind zukunftsorientierte Methoden sinnvoll, besonders die lösungsfokussierte Kurztherapie oder hypnosystemische Ansätze. Etliche genannte Theorien und weitere Impulsgeber werden wir im Verlauf dieses Buches näher betrachten, die zum Teil Grundlagen für von mir vorgestellte Konzepte und Instrumente bilden.

Glaubenssätze und Einstellungen sind starke Wahrnehmungsfilter. Wir sehen die Welt so, wie wir glauben, wie sie ist. Wie bereits skizziert, haben unsere Denkweisen und Glaubenssätze einen unheimlich großen Einfluss auf unsere Ressourcen, unser Verhalten und letztendlich unsere Identität, spielen demnach auch hinsichtlich des Gegenübers eine wichtige Rolle. Wenn ich als Berater oder Beraterin daran glaube, dass meine Kundinnen und Kunden sich gut in Richtung ihrer Ziele bewegen werden, wird es wirken. Wenn Lehrkräfte daran glauben, dass die Kinder ein enormes Potenzial in sich tragen, werden sich diese entsprechend entwickeln können. Wenn ich als Führungskraft meine Mitarbeiterinnen und Mitarbeiter durch die Ressourcenbrille betrachte, werden sie sich entfalten. Wenn Menschen dieser Glaube an eigene Ressourcen fehlt beziehungsweise sie ihn nie vermittelt bekommen, fällt jede Entwicklung schwer. Die Erzählung »Der angekettete Elefant« von Jorge Bucay (2007) macht deutlich, wie unsere Einstellungen und Glaubenssätze auf unser ganzes Leben wirken können: Ein ausgewachsener Zirkuselefant bleibt Zeit seines Lebens durch eine Kette an einen Pflock gefesselt, den er mühelos aus dem Boden ziehen könnte. Er unternimmt jedoch keine Befreiungsversuche, da er, schon als Jungtier in Gefangenschaft, davon überzeugt ist, dass er sich nicht befreien *kann*.

Glaubenssätze und innere Bilder nutzen wir auch, um Energie zu sparen; auf einmal angelegten Pfaden lässt es sich einfacher wandeln. Ein Beispiel: Vielleicht erinnern Sie sich an einen Moment, in dem Sie angefangen haben, Auto fahren zu lernen. Das war sicher eine sehr energieraubende Erfahrung für Sie, oder? Volle Konzentration, viele Dinge gleichzeitig im Kopf behalten und den chaotischen Verkehr beobachten. Vermutlich sind Sie nach den ersten Fahrstunden etwas verschwitzt und geschafft aus dem Auto gestiegen. Ihr Hirn merkt sich das und findet Lösungen, legt quasi »Grundprogramme« an (Wie mache ich wann was?). Wenn Sie dann öfter die Erfahrung des Autofahrens machen, merken Sie, dass es einfacher wird, denn: »Unser Gehirn liebt Abkürzungen«, schreibt Nicole Truchseß.

»Wir funktionieren manchmal wie durch einen Autopiloten gesteuert. Wenn wir etwas oft genug getan oder gedacht haben, schwenken wir ganz automatisch und ohne bewusste Überlegungen wieder auf diese vertraute Bahn ein. Es gibt dann ein festes kognitives Muster, einen mentalen Trampelpfad« (Truchseß, 2018, S. 77).

Das Hirn, so zeigt obenstehendes Beispiel, ist also formbar, es entwickelt sich so, wie wir es benutzen. Diese Fähigkeit kann sich sogar bis ins hohe Alter ausprägen – es braucht dafür »lediglich« Begeisterung, gibt Gerald Hüther (2017) in einem Interview mit der FAZ zu verstehen.
Mit Einstellungen beziehungsweise Glaubenssätzen verbunden sind auch Werte oder Wertvorstellungen. Werte sind meist unsere Grundlage für Entscheidungen und Verhalten und dienen als motivationaler Motor und Richtungsweiser. Wir haben innere, äußere, individuelle oder gesellschaftliche Werte. Wenn unser Verhalten mit Werten nicht übereinstimmt, sprechen wir von Wertkonflikten.

Warum sich die Arbeit an inneren Bildern lohnt

Seit dem Jahr 2001 bin ich begeisterter Anwender der lösungsfokussierten Kurztherapie (engl. »Solution Focused Brief Therapy«) nach Steve de Shazer (de Shazer u. Dolan, 2020) und Insoo Kim Berg (Berg u. de Jong, 2003) vom Brief Family Therapy Center (BFTC) in Milwaukee. Der lösungsfokussierte Ansatz zeichnet sich dadurch aus, dass er schnell mit der Konstruktion von Lösungen beginnt. Im Mittelpunkt stehen die Ressourcen der Menschen und ihre gewünschte Zukunft, welche es zu gestalten gilt. Die belastende Vergangenheit spielt keine notwendige Rolle und innere Prozesse, wie zum Beispiel Gedanken und Gefühle, werden auf die beobachtbaren Verhaltensweisen operationalisiert. Auch wenn dieser Ansatz zu Beginn seiner Entwicklung stark im therapeutischen Sektor verwurzelt war, ist er mittlerweile in anderen Beratungskontexten wie zum Beispiel Coaching, Supervision und Organisationsentwicklung sehr gut umsetzbar. Zunehmend wurde auch ich neugierig auf den Bereich des Unbewussten und der Emotionen. So nahmen Glaubenssätze, Werte, Identitätsfragen und die Frage nach dem Lebenssinn und -zweck, wie sie sich auch im »Modell der logischen Ebenen« von Robert Dilts (2006) finden, in meinem Beratungskontext einen viel stärkeren Schwerpunkt ein.

Abbildung 1: Modell der logischen Ebenen in Anlehnung an Dilts (2006)

Eine »klassische« Lösungsorientierung und damit Vorgehensweisen, die das Problemverständnis vertiefen oder die Problembearbeitung in den Mittelpunkt stellen (im Sinne der Arbeitsweisen von de Shazer und Berg), nutzte ich zunehmend weniger (auch wenn diese natürlich die folgenden Aspekte zu bearbeiten imstande sind), wenn meine Kundinnen und Kunden über folgende Dinge berichten:
- Sie seien oft mit Handlungsversuchen gescheitert (deshalb haben sie keine Idee mehr).
- Sie seien in einem langandauernden Energiesparmodus (»Demotivation«).

- Sie befänden sich in längeren Phasen von Stress und gesundheitlichen Problemen.
- Sie hätten Lust auf Selbsterkenntnis und Selbsterfahrung (oder es besteht die »Notwendigkeit« dazu) – zum Beispiel innerhalb der Weiterbildung von Beraterinnen und Beratern.

Ich gehe mit meinen Kundinnen und Kunden dann bewusst einen anderen Weg, bei dem ich jedoch an folgenden Prinzipien festhalte, die ich hier zunächst vorstellen will:
- Interveniere nur so wenig wie nötig.
- Stärke die Selbstwirksamkeit der kundigen Menschen (radikales »Empowerment« und »Hilfe zur Selbsthilfe«).
- Orientiere dich an den wichtigen Wirksamkeitsfaktoren von Beratung und Therapie, nämlich: Beziehung, Hoffnung und der Blick auf Ressourcen. Die Haltung hat gegenüber den Methoden Vorrang.
- Entwickle zuerst eine Idee der *Lösung* (Was ist die kühnste Hoffnung für die Auswirkungen dieses Gespräches?), schaue dann nach *Ressourcen* (Was läuft schon gut und geht in Richtung der kühnsten Hoffnungen?) und beschreibe im dritten Schritt den *Anfang* inklusive Hindernismanagement (Welche Hindernisse könnte es geben und wie könnten die Kunden und Kundinnen diese bewältigen? Wie werden sie anfangen zu bemerken, dass sie einen Schritt in Richtung ihrer kühnsten Hoffnungen gegangen sind?). Dieses Vorgehen nenne ich die »3steps4solution«, die noch eingehender beschrieben werden soll.
- Nutze die vier Leitlinien der Veränderungsarbeit nach dem »S.E.X.Y.«-Prinzip (Küchler, 2016): Akzeptanz und Lösungstrance herstellen (*Selbstverantwortung*), attraktive und sinnvolle Ziele (er)finden (*Ergebnis*), Ambivalenzen zum Schwingen bringen und Hindernisse managen (*X-Faktor*) sowie Ressourcen vitalisieren und Optionen eröffnen (*Yes*).
- Orientiere dich an den lösungsfokussierten Grundannahmen (vgl. de Shazer u. Dolan, 2020): Finde heraus, was die Menschen wollen. Wenn etwas nicht kaputt ist, dann repariere es auch nicht. Wenn du weißt, was funktioniert, mach mehr davon. Wenn etwas nicht funktioniert, dann hör auf damit, mach etwas ander(e)s.
- Transferiere innere Prozesse (nach und nach) auf die beobachtbare Verhaltensebene.
- Arbeite unter dem Motto »Kurz und gut und Spaß dabei!«. Nutze Humor. Lache gemeinsam mit den kundigen Menschen. Eine Beratung ohne Lachen ist eine vertane Chance.

– Lass es »menscheln« in der Beratung (diese Formulierung erschließt sich hoffentlich beim Weiterlesen).

Aus diesen Herangehensweisen heraus ergeben sich für meine Arbeit folgende Aspekte, die nicht »rein lösungsfokussiert« sind:
– bessere Balance zwischen Hirn, Herz und Hand (worauf ich später noch eingehe) durch eine intensivierte Fokussierung auf den Bereich des Körpers (Einbeziehung der körperlichen Vitalität, Bewusstmachung unbewusster Vorgänge, Identifikation und Nutzung somatischer Marker etc.) unter zusätzlicher Einbeziehung des Raums, in dem ich mich mit meinen kundigen Menschen mittels analoger Methoden, die nicht das begrifflich-sprachliche, sondern das intuitiv-bildhafte Denken ansprechen (u. a. Bilder oder Bodenanker), bewege;
– intensiveres Eingehen auf Gefühle, Körperempfindungen und damit verbundene Bedürfnisse;
– vertiefende Fokussierung auf die Beziehungsqualität (Resonanz, Spiegeln, aktives und schöpferisches Zuhören etc.);
– intensiverer Blick auf Glaubenssätze oder innere Bilder und Sinnfragen;
– breiterer Fokus auf das Thema der Kunden und Kundinnen (weniger Fokussierungen auf Lösungen; mehr Raum für schwierigere Themen);
– verstärktes »Menscheln«.

Um nicht falsch verstanden zu werden: Lösungsfokussiertes Arbeiten schließt die Bearbeitung von Gefühlen nicht aus, wie einige Kritikerinnen und Kritiker des Ansatzes meinen. Werden in anderen therapeutischen Schulen Gedanken und Emotionen oft als innere Zustände oder Kräfte beschrieben, die auf intime und oftmals kausale Weise mit den Problemen verbunden sind, die dann den »Gegenstand der Betrachtung« bilden, sieht lösungsfokussiertes Arbeiten dies lediglich in einem etwas anderen Licht: Neben den Gefühlen ist eben auch der Zusammenhang wichtig, in dem sie entstehen. Ein Gefühl (Wut, Angst, Trauer u. a.) »kann nicht verstanden werden, wenn es von seinem Kontext abgekoppelt wird, der sein Zuhause ist; wenn man dies tue, werde das Gefühl zu etwas Geheimnisvollem und vom Alltagsleben abgetrennt« (de Shazer u. Dolan, 2020, S. 204).

Erster Kuss:
Worum geht's? Gedanken zum Einstieg

> »Die letzte der menschlichen Freiheiten
> besteht in der Wahl der Einstellung zu den Dingen.«
> Viktor Frankl

In unserem Leben haben wir viele Herausforderungen zu meistern. Manchmal läuft vielleicht nicht alles in die Richtung, die wir uns wünschen. Viele Menschen leben eher ein »gesolltes« statt ein »gewolltes« Leben. Sie existieren quasi, weil sie ihr Leben danach ausrichten, was andere von ihnen (vermutet) erwarten, weil sie sich zu stark an den Lebens- beziehungsweise Verhaltensweisen anderer orientieren, weil sie das Leben eines oder einer anderen leben. Wie ist das bei Ihnen?

- Führen Sie ein gesolltes oder ein gewolltes Leben?
- Leben Sie das Leben, das Sie leben möchten?

Wenn wir unser eigenes Leben nun aber verändern wollen, haben wir – grob betrachtet – folgende Möglichkeiten:
1. *Kontextveränderung*
    Unser Verhalten und Denken werden stark durch unsere Umwelt/den Kontext/die Rahmenbedingungen (Beziehungen, Tätigkeiten, berufliches und privates Umfeld) beeinflusst, welche durch uns veränderbar sind. Bei einem Fisch, der sich im Aquarium seltsam verhält, könnte ein guter erster Schritt sein, das Wasser zu wechseln, anstatt den Fisch zu untersuchen.[2]
2. *Verhaltensänderung*
    Wir können uns pimpen, optimieren, entwickeln in dem Sinne, dass wir unser Verhalten verändern. Dies tun wir in der Regel durch das Setzen von Zielen und Planen von Schritten. Dies ist die einfachste Art, auch wenn unsere Gefühle oft nicht sofort hinterherkommen. Wir können unseren Kör-

---

2   Siehe dazu das »systemisch(er)e Fischglas« von Tom Küchler unter https://www.potenzialentfaltung.org/das-systemisch(er)e-fischglas/ (Zugriff am 21.02.2023).

per durch bestimmte Ernährung, Bewegung und Entspannung vitalisieren, um Potenziale für weitere Verhaltensänderungen zu eröffnen.
3. *Entscheidung zur »radikalen Veränderung«*
Wenn wir uns die Sinn- und Existenzfrage stellen, können wir (im Gegensatz zum Punkt 1) direkt Entscheidungen treffen und danach leben. Durch sinn- und existenzgeleitete neue Entscheidungen ändern sich automatisch unser Verhalten und Denken.
4. *Einstellungsveränderung*
Wir können einerseits unsere Einstellung, unsere Gedanken, Bewertungen und unseren Blick auf die Welt durch kognitive Umstrukturierung (vgl. Ellis, 1997) und durch die Konstruktion von neuen inneren Bildern oder Erlaubnissätzen verändern. Andererseits können wir uns auch von unseren hinderlichen Gedanken durch Defusion lösen (vgl. Hayes, 2020) und unser Leben nach unseren eigenen Vorstellungen gestalten (dies wäre eine Verbindung zum Punkt 3).

Der TPHG-Check

Fakt ist – um dies vorwegzunehmen –: Ich kann andere Menschen nicht verändern. Die einzige Person, die ich verändern kann, bin ich selbst![3] In meiner Praxis empfehle ich oft, dass zwischen diversen Ausgangslagen unterschieden werden sollte: zwischen Tatsachen, Problemen, Hirnstuss und Grübeleien, weil dahinter verschiedene Lösungsstrategien stecken.

T wie Tatsachen: Tatsachen sind Dinge, die ich nicht beziehungsweise nur ganz schwer (und langsam) verändern kann. Wer Tatsachen wie Probleme behandelt, liefert sich damit eine gute »Anleitung zum Unglücklichsein« (Watzlawick, 2009). Tatsachen sollten Sie akzeptieren! »Love it«, »change it« und »leave it« sind die einzigen Optionen. Wenn Sie Dinge nicht lieben, verändern oder akzeptieren können, sollten Sie das System verlassen.

P wie Probleme: Am leichtesten ist es für uns, mit Problemen umzugehen, denn: Probleme sind verkleidete Ziele! Wer ein Problem hat, hat damit zugleich die Idee einer Lösung – im Sinne einer Soll-Ist-Diskrepanz. Probleme zu lösen ist zwar nicht immer einfach, jedoch könnte es leichter fallen, wenn der Veränderungswunsch »sexy« ist (so kann es beispielsweise sexy sein, wenn das Ziel eine hohe Anziehungskraft hat und die Erreichung dieses Ziels ein Gewinn wäre).

---

3 Siehe dazu das »systemisch(er)e Mobile« von Tom Küchler unter https://www.potenzialentfaltung.org/mobile/ (Zugriff am 21.02.2023).

H wie Hirnstuss: Hirnstuss ist ein Sammelsurium unterschiedlicher hinderlicher Einstellungen, Glaubenssätze, Erwartungen und Ansprüche. Messen können wir die Nützlichkeit unserer Gedanken daran, ob daraus mehr oder weniger gute Gefühle oder nützliche Verhaltensweisen resultieren. Hirnstuss können wir kognitiv umstrukturieren. Wir können umdenken oder uns von ihm lösen. Das ist einfach, aber nicht leicht – erst recht nicht schnell umzusetzen. Jedoch ist es eine langfristig wirksame Möglichkeit, etwas gechillter durchs gewollte Leben zu reisen.

G wie Grübeleien: Grübeleien treten oft in Form von »Hätte-Wäre-Wenn«-Gedanken oder »Was, wenn«-Fragen auf: »Was, wenn ich meinen Job verliere?«, »Was, wenn sich meine Partnerin oder mein Partner trennt?«, »Was, wenn ich die Welt nicht retten kann?«. Manchmal bestehen unsere Grübeleien auch aus geschlossenen Fragen, zum Beispiel »Bin ich gut genug?«. Jammern und Grübeln werden dann schnell zur Gewohnheit und unser Gehirn kann dieses Muster »lernen«. Ein anderes Wort für Grübeleien ist »Monkey Mind« (vgl. beispielsweise Störzer, 2020). Dieser Begriff stammt aus dem Buddhistischen und meint einen unruhigen, unkontrollierten und verwirrten Geist. Wir springen bezüglich unserer Gedanken wie wilde Affen durch den Wald. Eine gute Strategie ist es, diese Gedanken und Fragen einmal zu Ende zu denken. Schreiben Sie sich Ihre Grübelfragen auf einen Zettel und legen diesen in einen großen Umschlag. Immer, wenn Sie grübeln (und dies eigentlich nicht wollen), nehmen Sie sich diesen Umschlag und gehen in einen ungestörten Raum. Um ins Tun zu kommen und nicht zu lange zu verweilen, können Sie es sich auch ein bisschen ungemütlich machen. Nun betrachten Sie Ihre Grübelfragen. Bei den geschlossenen Fragen, die nur mit »Ja« oder »Nein« zu beantworten sind, wäre es ein nützlicher Schritt, diese offen zu formulieren. Aus »Bin ich gut genug?« wird dann ein »Wie gut bin ich?« (vielleicht fühlen Sie sich eingeladen, in diesem Kontext ein Tagebuch zu führen, in welches Sie notieren, wofür Sie dankbar sind. Schon dies können erste Schritte hin zu Ihrem gewollten Leben sein). Nehmen Sie sich mindestens eine halbe Stunde Zeit dafür. Wenn Sie eine Frage beantwortet haben, zerreißen Sie den Zettel. Nach Ablauf der Zeit können Sie entscheiden, ob Sie in gewohnter Manier weitermachen oder anfangen wollen, Ihr »Wunschleben« zu genießen (vgl. Junker, 2017).

Egal ob *T, P, H* oder *G* – handeln Sie! Denn: Wer nicht handelt, wird behandelt, im letzten Effekt von seinem Körper. Dies nennen wir dann (irreführend) »Krankheit«, aber der Körper ist oft ein schlauer und liebevoller Begleiter, welcher nur das Beste für uns möchte. Wenn wir zum Beispiel stark unter Stress stehen, weil wir vielleicht mehr Energie in Beziehungen oder Tätigkeiten investieren als wir zurückbekommen, dann setzt uns der Körper in einen schützenden »Energiesparmodus«. Er sagt uns: »Jetzt habe dir schon so viele Symptome geschickt und du hast nicht gehört ... jetzt ist Schluss damit« (vgl. auch Meiss, 2016). Dies gibt der Symptomatik (»Burnout« oder »Depression«) einen Sinn. Mein Tipp: Behandeln Sie Ihre Symptome und auch negativen Gedanken wie einen guten alten Freund! Kämpfen Sie nicht gegen ihn an! Sprechen Sie mit Ihren Symptomen und fragen Sie diese, was Sie Ihnen sagen wollen. Ich wette, die haben gute Ideen für Sie!

Das Zusammenspiel von Hirn, Herz und Hand

Ich stelle Ihnen in diesem Abschnitt einige nützliche Erklärungs- und Denkmodelle vor, welche uns einerseits weiter in unser Thema *Veränderung von Glaubenssätzen* einführen und andererseits Ideen liefern, welche »Schrauben« wir drehen können, um uns wohler zu fühlen. Wie Sie feststellen werden, sind den Modellen stets drei Aspekte inhärent, die ich generell in Veränderungsprozessen fokussiere und welche sich in meinem Slogan bündeln: Potenzialentfaltung mit *Hirn*, *Herz* und *Hand*.

Der soziopsychobiologische Blick

Ein kurzer Exkurs: Seit 1948 wird Gesundheit durch die Weltgesundheitsorganisation (WHO) folgendermaßen definiert:

> »Die Gesundheit ist ein Zustand des vollständigen körperlichen, geistigen und sozialen Wohlergehens und nicht nur das Fehlen von Krankheit oder Gebrechen. Der Besitz des bestmöglichen Gesundheitszustandes bildet eines der Grundrechte jedes menschlichen Wesens, ohne Unterschied der Rasse, der Religion, der politischen Anschauung und der wirtschaftlichen oder sozialen Stellung« (WHO, 2020).

Diese Definition übersetzt sich in das so genannte »biopsychosoziale Modell«: Durch die Betrachtung der Einheit von Körper und Seele ermöglicht es uns ein ganzheitliches Verständnis von »Krankheit« beziehungsweise »Gesundheit«. Je nachdem, welche Profession man im Kontext der Entstehung von »Krankheiten«/»Störungen« zurate zieht, gibt es allerdings auch unterschiedliche Antworten. Eine (radikal) »bio-geprägte« Medizinerin wird eher körperliche Dysfunktionen anführen, welche aus ungünstigen biochemischen Prozessen (Botenstoffen, Viren, Bakterien, PH-Werten, Stoffwechsel, Hormonen und anderem) herrühren. Die Behandlung würde dann weitgehend auf Medikamenten basieren. Ein Vertreter der kognitiven Verhaltenstherapie würde seine Erklärung über dysfunktionale Denkmuster heranziehen: Negative Konsequenzen entstehen in diesem Denkmodell weitgehend durch ungünstige Bewertungen von Reizen und Situationen. Die »Entstörung« liegt somit in einem Umdenken, in einer kognitiven Umstrukturierung. Eine Praktikerin aus der Sozialarbeit, Systemischen Beratung und/oder Therapie würde eher dem privaten, beruflichen und letztlich gesamtgesellschaftlichen Umfeld eine größere Rolle bei der Etablierung ungünstiger Denkstrukturen zugestehen. Verhalten ergibt immer im Kontext einen Sinn und die Ansicht, dass das Umfeld demnach den Menschen »formt«, ist weit verbreitet. Es ist daher wie erwähnt im Sinne der systemischen Therapie/Beratung nützlich, die Beziehungen (Netzwerke, Muster, Strukturen) oder besser die Kommunikation mit anderen Personen (aus Herkunftsfamilie, Gegenwartsfamilie, sozialem Umfeld, Gesellschaft) in den Blick zu nehmen (generell lohnt es sich auch, die Beziehungsdynamiken zwischen »inneren Anteilen«, zum Beispiel Symptomen, Gedanken, Gefühlen, im Veränderungsprozess zu betrachten). Tatsache ist alles in allem: Die drei Aspekte »bio«, »psycho« und »sozio« bedingen sich gegenseitig und es ist Ansichtssache, in welchem Bereich wir den Fokus vermuten. Ich spreche im Folgenden vom »soziopsychobiologischen Modell«, um meine Priorität in der »Reihenfolge« der Einwirkungen deutlich zu machen.

Auf allen drei Ebenen des soziopsychobiologischen Modells können wir Einfluss auf unsere Zufriedenheit nehmen:

Soziales Umfeld und inneres System:
- private Beziehungen und soziale Netzwerke stärken;
- für wenig sinnarme, energiefressende Tätigkeiten und Beziehungen sorgen;
- auf gute Rahmenbedingungen auf der Arbeit achten;
- die inneren Anteile betrachten, mit diesen kommunizieren und gleichzeitig die Kommunikation zwischen ihnen fördern.

Geist/Gedanken:
- Gedanken und Bewertungen überprüfen und gegebenenfalls eine Einstellungsveränderung vornehmen;
- den Gedanken nicht das Gewicht und die Macht geben, dass diese zu automatischen Verhaltensweisen führen (es sind ja »nur« Gedanken, es sind nicht Sie selbst);
- Weiterbildung und Wissensaneignung (bspw. wenn eine Tätigkeit Sie stresst, weil Ihre Fähigkeiten noch nicht voll ausgebildet sind, um diese schnell und

gut zu absolvieren) – dies kann den Umgang mit stressmachenden Reizen erleichtern;
- Problemlösungs- und Zukunftsplanungskompetenz erweitern, indem man die kognitive Kompetenz zum Krisenmanagement und zur Zielerreichung schult;
- eine Selbstverpflichtung eingehen, die sich an eigenen Werten und Zielvorstellungen orientiert.

Körper:
- Zufriedenheitserlebnisse schaffen und für Entspannung und gesunden Schlaf sorgen,
- auf gesunde Ernährung achten,
- sich bewegen,
- im Hier und Jetzt leben, für Achtsamkeit sorgen,
- auf den Körper hören; Symptome sind Botschaften, die Ihnen etwas sagen wollen.[4]

Die Idee der Ganzheitlichkeit von Gefühlen, Gedanken und Verhalten findet sich bereits in der Johann Heinrich Pestalozzi zugeschriebenen Aussage »mit Kopf, Herz und Hand«. Die kognitive Verhaltenstherapie geht in diesem Kontext davon aus, dass Kognition, Gedanken und Verhaltensweisen die Gefühle wesentlich bestimmen. Die psychologische Emotionsforschung, wie sie zum Beispiel in der Emotionsfokussierten Therapie nach Leslie Greenberg, Sue Johnson und anderen Anwendung findet (vgl. bspw. Auszra, Herrmann u. Greenberg, 2017), sieht dies etwas anders: Hier beeinflussen Emotionen die Handlungen, Gedanken und Kognition, und Emotionen werden als evolutionär basiertes Informationsverarbeitungs- und Problemlösungssystem betrachtet, das uns hilft, die in der Interaktion mit der Umwelt auftretenden Probleme schnell und flexibel zu lösen.

Den Dreiklang von Hirn, Herz und Hand, die Beeinflussung einzelner Elemente durch die »Nutzung« anderer, nenne ich den »H^3-Modus«. Das folgende von mir entwickelte Modell skizziert noch einmal das integrative Zusammenspiel von Kognition, Emotion und Aktion.

---

4 Wie Sie etliche dieser Hinweise umsetzen können, erfahren Sie im weiteren Verlauf des Buches.

Das potenzialGPS

Um uns in der Welt räumlich zurechtzufinden, haben wir das technische GPS – das »Global Positioning System«. Wir nutzen ein GPS zur Standortbestimmung und zur Navigation hin zu einem Ziel. Jeder Mensch hat aber auch ein eigenes »potenzialGPS«[5] in sich, um Potenziale zu entfalten sowie kühnste Hoffnungen zu entwickeln und damit Ziele zu erreichen. In diesem Zusammenhang steht das G für Glaubenssätze (Hirn bzw. Kopf), P für Potenziale (Bauch und Hand), S für Sinn-Erfahrungen/-erleben (Herz). Das Modell des potenzialGPS stellt diese drei Faktoren in einen Gesamtkontext, in dessen Zentrum unsere kühnsten Hoffnungen und würdevollsten Absichten stehen (Würde beschreibt eine Lebensart, die würdevollsten Absichten deren Umsetzung; sie reflektieren, inwieweit wir würdevoll mit uns selbst, mit anderen Menschen und der Welt umgehen). Es ist egal, an welcher Stelle wir in den Kreislauf des Modells einsteigen – G, P und S wirken zirkulär in- und aufeinander, die Elemente sind miteinander vernetzt und stehen in Beziehung.

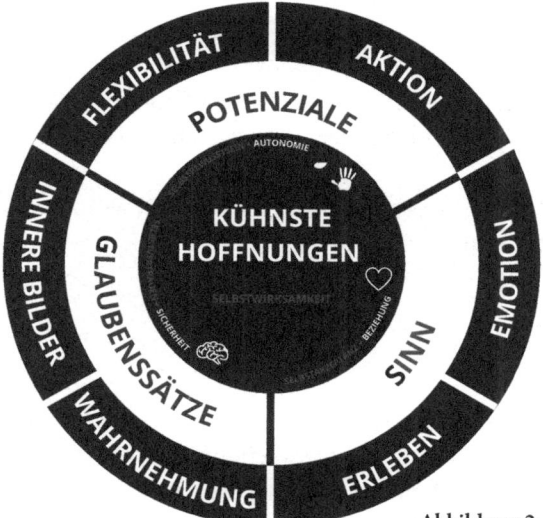

Abbildung 2: Das potenzialGPS

---

5   Das Modell integriert verschiedene Denkansätze, unter anderem das »Modell der logischen Ebenen« von Robert Dilts, welches auf Gregory Bateson zurückgeht, das »ABC-Modell« nach Albert Ellis, das Zusammenspiel von Hirn/Kopf (G), Herz (P) und Hand (S) beziehungsweise Kognition, Emotion und Aktion, das in aktuellen Konzepten (z. B. »Theorie-U« von Claus Otto Scharmer, »Glaubenspolaritäten-Dreieck« von Matthias Varga von Kibéd und Insa Sparrer, »IKEA-Modell« von Heiko Kleve) Eingang findet, so auch im »Triadischen Prinzip« von Gabriela von Witzleben, in dem sie die Kernbedürfnisse Autonomie, Beziehung und Sicherheit an Bauch, Herz und Kopf koppelt sowie Bezüge zum Thema *Selbstwirksamkeit* (Selbstbewusstsein, Selbstakzeptanz und Selbstvertrauen) herstellt.

Jetzt sind Sie gefragt: Sehen wir uns zunächst Ihre kühnsten Hoffnungen und würdevollsten Absichten an, bevor Sie Ihr eigenes GPS reflektieren und damit Einflussfaktoren für die Entfaltung Ihrer Potenziale ausfindig machen können[6]. Die kühnsten Hoffnungen und würdevollsten Absichten sind unsere besten und mutigsten Zukunftsbilder. Wenn Menschen in Würde sterben wollen, wäre es zunächst gut, in Würde zu leben, gibt Hüther in seinem Buch »Würde: Was uns stark macht – als Einzelne und als Gesellschaft« (2018) zu bedenken, in dem er in wunderbarer Weise eine würdevolle Ausrichtung des Lebens reflektiert. Es kann daher nützlich sein, die Zukunftsbilder würdevoll in Szene zu setzen. In seiner Würde zu sein meint nicht nur, wie oben beschrieben, ein gewolltes Leben zu gestalten, sondern auch, sich von seiner Umgebung nicht zu stark beeinflussen zu lassen.

- Was ist Ihre kühnste Hoffnung, Ihre würdevollste Absicht?
- Wie sieht die beste für Sie denkbare Zukunft aus?
- Wohin soll die Reise gehen?
- Was ist Ihr Ziel?
- Wie bedeutsam und sinnvoll ist es für Sie? Wie verstehbar und gesund ist es für Sie? Was werden Sie sehen, hören, riechen, schmecken und fühlen, wenn Sie am Ziel sind?
- Wie würdevoll gehen Sie dort mit sich selbst und mit anderen Menschen um?
- Wie würdevoll gehen andere mit Ihnen um?

Die Facette der Potenziale

Diese aktionale Facette fokussiert unsere Potenziale bezüglich unseres Ressourcenzugriffs und der damit verbundenen Handlungsspielräume und Verhaltensweisen. Sie bezieht sich auf die Bauchebene und ist gekennzeichnet durch (offene, blockierte oder geschlossene) Handlungsimpulse beziehungsweise durch (erweiterte bzw. einengende) Handlungsspielräume. Das Kernbedürfnis ist die Autonomie. Im Kontext der Entstehung von Selbstwirksamkeit liegt hier der Fokus auf Selbstbewusstsein.

---

6   Auf meiner Website unter www.tomkuechler.de finden Sie dazu noch weitere Ausführungen.

Flexibilität
- Welche Möglichkeiten haben Sie (begrenzt oder erweitert)? Welche Fähigkeiten sind aktiv?
- Welchen Zugriff haben Sie auf Ihre Ressourcen?
- Wie stark kann sich Ihre Flexibilität jetzt in Verhaltensweisen zeigen, die Ihre kühnste Hoffnung und würdevollste Absicht möglich machen?
- Wie steht es um Ihre psychische Flexibilität (s. Facette 4 im »Zweiten Kuss«, S. 60 ff.)?

Aktion
- Wie steht es um Ihre Kraft und Energie?
- In welcher Art und Weise verhalten Sie sich, wie gehen Sie vor?
- Sind Sie reflektiert und »ganz bei sich« oder befinden Sie sich im Modus von »Angriff«, »Flucht« oder »Erstarrung«?
- Mit welcher positiven Absicht ist dies unterlegt (Was wollen Sie sich Gutes tun? Was sind Ihre Motive und Bedürfnisse?)?
- Wie kompatibel ist Ihr Verhalten mit Ihrer kühnsten Hoffnung und würdevollsten Absicht?

Die Facette des Sinns

Diese Facette fokussiert sich sowohl auf die Ebene des Sinns als auch auf die der Sinne. So geht es hier einerseits um die (mit unseren Sinnen) erlebten Emotionen, welche mit unseren Handlungen in enger Interaktion stehen, andererseits um unsere Sinn- und Zweckbestimmungen (Lebenssinn) und daraus resultierenden Identitätskonzepte. Sinn wird im eigenen Erleben und in Beziehungen und Begegnungen mit anderen Menschen konstruiert, unser aktionales Verhalten macht im Kontext betrachtet also immer einen Sinn. Die Facette des Sinns bezieht sich auf die Herzebene. Sie ist gekennzeichnet durch (versteckte, gehemmte oder flutende) Gefühle im Kontext der Kontakte, das Kernbedürfnis ist hier somit die Beziehung. In Verbindung mit der Entstehung von Selbstwirksamkeit liegt hier der Fokus auf Selbstakzeptanz.

Emotionen
- Welche Emotionen und Gefühle werden (durch Ihr Verhalten) oft aktiviert?
- Wie aktiv oder passiv sind Sie?
- Wie passen Ihre Emotionen zu Ihrer kühnsten Hoffnung und würdevollsten Absicht?
- Wenn Gefühle eine Art »Bedürfniskonzert« sind, welche Bedürfnisse sind befriedigt und welche nicht?
- Wie gut können Sie Ihre Emotionen im Sinne Ihrer kühnsten Hoffnung und würdevollsten Absicht regulieren?

Erleben
- Wie erleben Sie die Erfahrungen, die Sie derzeit machen?
- Welchen Sinn könnten diese Erfahrungen haben, welchen Sinn geben Sie Ihnen?
- Wie sehr sind Ihre Erfahrungen mit Ihrer größeren Sinn- und Zweckbestimmung (Lebenssinn) gekoppelt?
- Wie kohärent sind Ihre Erfahrungen mit Ihrem Identitätskonzept?
- Wie würdevoll gehen Sie mit sich und Ihrer Umwelt um?
Die zentrale Frage ist hier: »Was für ein Mensch wollen Sie sein und wofür wollen Sie dieses Leben nutzen?«

Die Facette der Glaubenssätze

Diese kognitive Facette fokussiert den Prozess unserer Wahrnehmung und die Konstruktion von inneren Bildern. Sie bezieht sich auf die Kopfebene und ist gekennzeichnet durch (einengende oder erweiternde) Vorstellungen, die der eigenen Lebensorientierung dienen. Das Kernbedürfnis ist die Sicherheit. Im Kontext der Entstehung von Selbstwirksamkeit liegt hier der Fokus auf Selbstvertrauen.

Wahrnehmung
- Wohin geht Ihre Aufmerksamkeit und mit welchen Sinnesorganen nehmen Sie Ihr Erleben wahr?
- Wie bewerten Sie Ihre erlebten Erfahrungen (z. B. Verlust/Schaden vs. Herausforderungen)?

- Welche Denkstile und Meta-Denk-Programme gibt es, die sich auf Ihre Bewertungsprozesse auswirken (z. B. optimistischer oder pessimistischer Denkstil, Generalisierungen, Verallgemeinerungen etc.)?
- Worauf richtet sich Ihre Aufmerksamkeit?

Innere Bilder
- Welche inneren Bilder, Glaubenssätze, Einstellungen haben Sie sich konstruiert?
- Welche treiben Sie an, welche lassen Sie resignieren?
- Welche geben Ihnen Erlaubnisse und welche verbieten Ihnen Dinge?
- Welche eröffnen die Welt Ihrer Potenziale und welche engen diese ein?

Zweiter Kuss:
Die sieben Facetten der Mindset-Veränderung

> »Du kannst die Wellen nicht stoppen, aber du kannst lernen, zu surfen.«
> Jon Kabat-Zinn

Zunächst ist es mir wichtig zu erwähnen, dass der Begriff »Facetten« im Kontext dieses Kapitels anstelle von »Schritten« angemessener ist, da alle Aspekte, die hier aufgeführt werden, miteinander in Zusammenhang stehen – es sich also nicht um ein »Schrittprogramm« handelt. Und nun: Werden Sie Mindsetter, werden Sie Mindsetterin! Wie ich schon angemerkt habe, lassen sich innere Bilder und Glaubenssätze mittels zwei genereller Strategien verändern, welche bestenfalls miteinander einhergehen:

Variante 1: Nutzen Sie Ihr persönliches GPS und gehen Sie ins Tun!
Sie erlauben sich ein anderes Verhalten, mit welchem Sie neue Erfahrungen machen. Möglicherweise kommt Ihr Gefühl noch nicht ganz dabei hinterher und Sie werden sich vielleicht nicht sofort wohl damit fühlen. Bei dieser Gelegenheit macht es natürlich auch Sinn, wenn Sie Ihre Emotionalität reflektieren und zulassen. Ebenso können Sie Ihren Körper vitalisieren, indem Sie Ihren »Stresshormontopf« etwas leeren und offen im Denken sind. Wichtig ist, diese neuen Erfahrungen als nützlich zu bewerten, damit daraus ein neues inneres Bild, ein Hirnkuss entstehen kann. Dies wird dazu beitragen, dass sich Ihre Potenziale vermehrt entfalten. Hüther empfiehlt in seiner »Bedienungsanleitung für ein menschliches Gehirn«, dass Menschen eingeladen, ermutigt und inspiriert werden sollen, stetig neue Erfahrungen zu machen. Er beschreibt dies mit einer uralten chinesischen Weisheit: »Nicht dort, wo du es schon zur Meisterschaft gebracht hast, sollst du dich weiter erproben, sondern dort, wo es dir an solcher Meisterschaft mangelt« (Hüther, 2001, S. 85).

Variante 2: Arbeiten Sie an Ihren Bewertungen und inneren Bildern und denken Sie um!
Sie nehmen getätigte Erfahrungen mit einer besonderen Aufmerksamkeit wahr und gestalten die Bewertungsprozesse bewusster. Kurzum: Sie denken gezielt um und erzeugen neue, angenehmere innere Bilder (Hirnküsse).

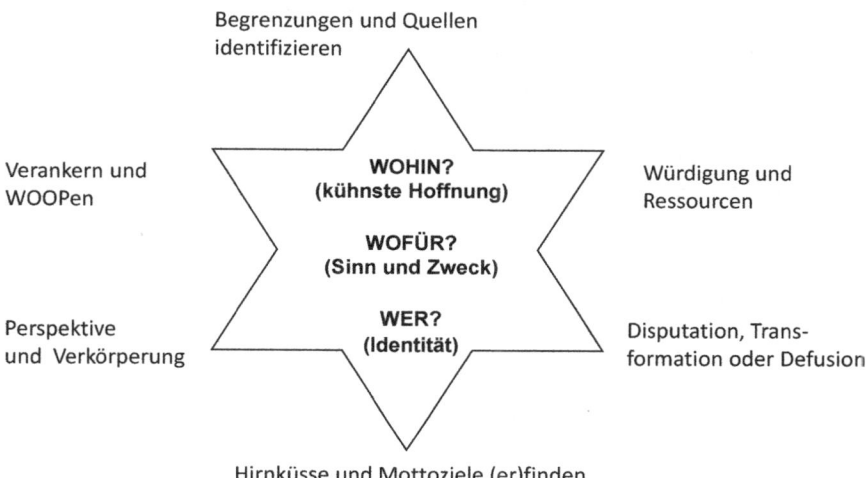

Abbildung 3: Die sieben Facetten der Mindset-Veränderung

Aber nun genug der Vorrede, lassen Sie uns beginnen.

Facette 1: Die Frage nach dem Wer, Wohin und Wofür

> Machen Sie sich den größeren Kontext bewusst! Was für ein Mensch wollen Sie sein und wofür wollen Sie dieses Leben nutzen?

Der wichtigste (lösungsorientierte) Schritt ist natürlich die Frage nach dem »Wohin«. Veränderung braucht ein attraktives, »s.e.x.y.« Ziel und deshalb hilft es, die folgenden Fragen zu beantworten, die Sie teilweise schon im Zusammenhang mit Ihrer kühnsten Hoffnung und würdevollsten Absicht kennengelernt haben:

- Wohin soll die Reise gehen?
- Was ist Ihre kühnste Hoffnung, wie sich eine Veränderung auswirken wird?
- Was wollen Sie gern?
- Was genau möchten Sie verändern?
- Was genau soll anders (als bisher) sein?
- Was genau werden Sie dann sehen, hören, riechen, schmecken, fühlen?

Achten Sie darauf, dass Ihr Ziel positiv formuliert ist (d. h. keine Negierungen enthalten sind, wie z. B. »Ich werde dann nicht mehr ...«). Ziele sollen immer so genau wie möglich den Anfang (und nicht das Ende) von etwas beschreiben. Ebenso kann es hilfreich sein, die »Wofür-Light«-Frage zu stellen. »Light« deshalb, weil wir manchmal »leicht« beginnen müssen, um existenziell in uns hineingehen zu können. Wir beginnen folgendermaßen light:

> Welche drei guten Gründe gibt es für die Nützlichkeit des Ziels?
> 1. ...
> 2. ...
> 3. ...

Wenn wir das »Modell der logischen Ebenen« von Robert Dilts (2006; s. Abbildung 1) noch einmal betrachten, sind unser Denken und Verhalten abhängig von der Beantwortung der beiden Fragen »Wofür bin ich da?« (Sinn) und »Wer bin ich?« (Identität). Jeder Mensch trägt einen Willen zur Sinnfindung in sich, da Sinn Orientierung in der Welt vermittelt. Das Leben stellt dem Menschen die Sinnfrage immer wieder neu, auf die idealerweise geantwortet wird, ohne nach dem »Warum« zu fragen. Neben dem Gefühl der Machbarkeit (die Bewältigung von Herausforderungen) und dem Gefühl der Verstehbarkeit (wir verstehen unser »Drumherum«) ist die Bedeutsam- beziehungsweise Sinnhaftigkeit ein wesentlicher Faktor der Gesundheit und Zufriedenheit (vgl. Antonovsky, 1997; vertiefend dazu können Sie sich auch mit dem Salutogenese-Ansatz nach Antonovsky beschäftigen).

Wenn Menschen für sich einen Existenzsinn definieren und sich ihrer Lebensträume bewusst werden, scheint sich die Frage nach der eigenen Identität (Wer bin ich und wer möchte ich sein?) mehr und mehr zu klären. Die Antworten auf unsere Sinn- und Identitätsfragen werden zum roten Faden im Leben. Identität meint auch Selbstbewusstsein, Selbstbewusstsein meint: Ich kenne mich (Ich bin mir selbst und meiner »Wertigkeit« im Sinne von Selbstwert bewusst), ich definiere mich selbst und lasse mich nicht durch andere Menschen definieren. Ich bin zuversichtlich und mache mein Selbstbewusstsein nicht von Rückmeldungen anderer Menschen abhängig. Kurzum:

> Selbstbewusstsein = Selbsterkenntnis + Zuversicht

Wenn Sie also wissen, wer Sie sind (Identität) und wer Sie sein wollen und gleichfalls zuversichtlich (und damit bestenfalls sinnorientiert) nach vorn blicken können, haben Sie schon viel in petto.

Die Aspekte von »Wer« und »Wofür« spiegeln sich ebenso in der Würde. Vielleicht könnte es für Sie nützlich sein, »Wer« und »Wofür« mit Blick auf sich selbst und hinsichtlich der Interaktion mit der Umwelt »würdevoll« zu beantworten. Ich möchte Ihnen ein paar Tools beziehungsweise Methoden näherbringen, mit welchen Sie diesbezüglich reflektieren können. Achtung! Diese Methoden sind existenziell.

Es scheint manchmal sinnvoll, die Geschichten, die Ziele, unser Leben vom Ende her zu denken. John Strelecky, der Autor und Initiator des »Big Five for Life«-Konzepts (Welche fünf Dinge möchte ich erleben oder tun, um am Ende des Lebens erfüllt zu sein?), nutzt gern die Metapher einer Safarireise (vgl. Strelecky, 2009). Jeder Safaritourist, jede Safaritouristin möchte die fünf großen Tiere (»The Big Five«) entdecken: Elefant, Nashorn, Büffel, Löwe und Leopard. Analog dazu stehen die Überlegungen:

> Wenn Ihr Leben eine Safari wäre …
> … welche »Big Five« gab es auf Ihrer »Lebens-Safari«?
> … was wollen Sie alles gesehen, erlebt und getan haben?
> … was braucht es, damit Sie sagen können: »Mein Leben hat sich gelohnt, es ist nichts Wesentliches offengeblieben«?

Das IKEA-Maßband

Bei der Selbstgestaltung ihres Lebens messen manche Menschen ihrer Arbeit (und damit auch sich selbst) einen deutlich höheren Wert bei. Michael I. Norton, Professor für Betriebswirtschaftslehre an der Harvard Business School, nennt dies den »IKEA-Effekt«, den er in einem Test ermitteln ließ (vgl. Purps-Pardigol, 2015). Hier wurden Teilnehmende gebeten, IKEA-Boxen, die Möbelstücke enthielten, entweder nur auszupacken oder die Möbel selbst aufzubauen. Die »Zusammenbauenden« waren anschließend bereit, für die eigens zusammengesetzten Möbelstücke einen um 63 % höheren Preis zu zahlen als die »Auspackenden«. Also: Seien Sie der Gestalter, die Gestalterin Ihres Lebens! Seien Sie es sich (mehr) wert!

Wieso heißt dieses Kapitel nun aber »IKEA-Maßband«, fragen Sie sich? Maßbänder, die es bei IKEA auch zum Mitnehmen gibt, sind in meiner Praxis ein wichtiges beraterisches/therapeutisches Tool. So frage ich meine Kundinnen oder Kunden: »Wie alt sind Sie jetzt?« Nachdem ich das Alter erfahren habe, schneide ich das Maßband an dieser Stelle ab. Dann frage ich: »Wie alt möchten Sie werden?« Manche Menschen haben dazu eine gute Idee. Hin und wieder kann ja die Statistik bemüht werden. Wenn es dann ein hypothetisches Datum der »Löffelabgabe« gibt, wird ein Knick in dieses Maßband gemacht oder ein Strich eingezeichnet (dies ist die visuell »vorsichtigere« Intervention – man könnte ein neues Maßband auch an entsprechendem Punkt abschneiden). Dann wird die bestehende Zeit von jetzt bis zum (hypothetischen) Ende in den Blick genommen und es können zum Beispiel folgende Fragen gestellt werden:

- Was möchten Sie in der verbleibenden Zeit tun?
- Welche Ziele haben Sie noch?
- Was steht alles noch auf Ihrer »Löffelliste« (Was sind die Dinge, die Sie noch tun wollen, bevor Sie sterben?)?
- Was ist Ihr Lebenssinn?
- Wofür leben Sie Ihr Leben?
- Wofür sind Ihre Ziele gut?
- Passen diese Ziele zu Ihrem Lebenssinn?
- Wer möchten Sie in dieser verbleibenden Zeit sein?
- Wie würdevoll wollen Sie leben?

Friedhofbesuch und Grabredeübung

Sie merken, wir bewegen uns weiter in Richtung essenzieller und existenzieller Lebensthemen. Die nächste Aufgabe zur Findung beziehungsweise zur Reflexion eigener Werte, (Lebens-)Ziele und Visionen kann sich wie folgt gestalten:

Nehmen Sie sich Zeit und gehen auf einen Friedhof. Während Sie sich dort umschauen, denken Sie über folgende Fragen nach:
- Wie alt möchte ich noch werden?
- Was mache ich mit meiner Zeit bis dahin?
- Wofür bin ich auf der Welt? Was ist der Sinn?
- Wer bin ich heute und wer will ich am Ende sein?
- Was darf sich alles noch in meinem Leben verändern?

Eine andere Option ist die »Grabredeübung«. Diese kann man mit der eben genannten Methode koppeln.

Nehmen Sie sich Zeit und stellen Sie sich Ihre eigene Beerdigung vor:
- Wie sieht Ihre Beerdigung aus, wie ist das Szenario gestaltet?
- Wo soll die Beisetzung stattfinden?
- Wer ist gekommen?
- Wer hält Ihre Grabrede und was wird darin über Sie erwähnt?
- Wer wird noch etwas über Sie erzählen?
- Schreiben Sie Ihre eigene Grabrede.

Am Arsch vorbei geht auch ein Weg

Alexandra Reinwarth hat in »Das Leben ist zu kurz für später« (2018) ein ähnliches Gedankenexperiment beschrieben: »Was, wenn du in einem Jahr bereits tot wärst?«. Der Gedanke an die Endlichkeit verändert Dinge ganz plötzlich. In ihrem Buch »Am Arsch vorbei geht auch ein Weg« beschreibt sie folgende Aspekte:

»Es gibt Momente, in denen einem klar wird, dass man etwas ändern muss. Das Leben könnte so viel schöner sein, wenn man damit aufhören würde, Dinge zu tun, die man nicht will, mit Leuten, die man nicht mag, um zu bekommen, was man nicht braucht! Wer noch der Meinung ist, das Leben könnte etwas mehr Freiheit, Muße, Eigenbestimmung und Schokolade vertragen und dafür weniger WhatsApp-Gruppen und Weihnachtsfeiern, der ist hier goldrichtig! Lassen Sie sich inspirieren, wie man sich Leute, Dinge und Umstände am Arsch vorbei gehen lässt und lernen Sie, wie kleine Entscheidungen einen großen Effekt auf Ihre Lebensqualität haben können!« (Reinwarth, o. J.).

Also:

- Was geht Ihnen am Arsch vorbei?
- Was sollte Ihnen noch mehr am Arsch vorbei gehen? Wie könnte sich dies auswirken?
- Was würden Sie tun, wenn Sie nur noch ein Jahr leben würden?

Museum Ihres Lebens

Stellen Sie sich vor, so bietet John Strelecky an, es gibt das »Museum Ihres Lebens«[7]. In diesem sind zahlreiche Bilder und Videosequenzen zu sehen. Bilder aus schönen und schlechten Zeiten füllen die Wände. Auf diesen ist zu erkennen, wie Sie wohlwollend und zufrieden mit anderen Menschen interagieren, aber auch, wie Sie vielleicht nicht so nett oder ungerecht mit Menschen aus Ihrem Umfeld umgehen.

- Was gibt es in Ihrem Museum des Lebens zu sehen?
- Welche Bilder beschreiben Ihr bisheriges Leben?
- Welche Bilder oder Videos beschreiben, wer Sie sind?
- Was und wer ist auf den Bildern zu sehen?
- Welche Gefühle und Gedanken werden möglicherweise bei den Betrachtenden der Fotos ausgelöst?
- Wie ist das Verhältnis zwischen beruflichen und privaten Bildern?
- Wie ist das Verhältnis zwischen positiven und negativen Bildern?
- Wie oft sind Bilder eines gewollten Lebens zu sehen?
- Wann ist Ihr nächster Museumstag, an dem Sie Ihr Museum wieder einmal besuchen?
- Wann wird das nächste Foto geschossen? Was ist darauf zu sehen?

Bei vielen Menschen hängen die Bilder, die sie gern über sich sehen wollen, leider erst kurz vorm Ausgang.

Ich hoffe, diese ersten Fragen haben Sie etwas bewegt und angeregt. Gleichfalls hoffe ich, dass Sie geduldig mit sich sind, wenn Sie (noch) keine Antworten auf alle Fragen – speziell die nach dem Lebenssinn – gefunden haben oder vermehrt solche, die noch nicht zu 100 Prozent wasserdicht sind. Ich möchte Sie dennoch zum Versuch einladen, Antworten auf diese Fragen zu entwerfen, um Ihrem gewollten Leben noch ein Stückchen näher zu kommen. Die Fragen »Wohin (will ich)?«, »Wofür (bin ich da)?« und »Wer (bin ich)?«, die Sie nun kennengelernt haben, bilden dabei die Klammer beziehungsweise den Rahmen für die nächsten sechs Facetten.

---

7 Wenn Sie sich ein näheres Bild machen möchten, schauen Sie gern unter folgendem Link, der auch auf Streleckys »The Big Five for Life: Was wirklich zählt im Leben« verweist: https://www.youtube.com/watch?v=2dREDhKK7pM (Zugriff am 21.02.2023).

Facette 2: Begrenzungen und Quellen identifizieren

> Finden Sie Ihre Glaubenssätze, die Ihnen oft als »Begrenzer«, »Bremser« oder »Verbieter« in die Quere kommen, und fragen Sie sich, woher diese stammen! Klären Sie den Kontext!

Was genau ist denn dieser »Hirnstuss« nochmal? Ich biete Ihnen meine Definition an:

> Hirnstuss sind Mindsets, Einstellungen, Erwartungen, Vorannahmen, Überzeugungen, Bewertungsmuster, Lebensregeln, Glaubenssätze, Schemata, Projektionen, welche
> a) selbstschädlich und hinderlich oder
> b) sozialschädlich (asozial) und beziehungshemmend wirken.
>
> Selbstschädlicher Hirnstuss schadet uns, indem er uns bei der Zielerreichung blockiert, uns Druck und Stress macht etc. und damit einhergehend oft negative Gefühle und Unwohlsein auslöst.
>
> Sozialschädlicher Hirnstuss sind Gedanken, die Beziehungen stören und das soziale Miteinander negativ beeinflussen. Beispiele dafür sind zum einen das Übertragen von eigenen Ansprüchen auf andere Menschen im Sinne von »Man muss das so machen« oder »Der/die muss das doch genau so sehen wie ich«. Andererseits gehören auch menschenfeindliche Einstellungen zum sozialschädlichen Hirnstuss.

Denkmuster auf Funktionalität prüfen

Die im Folgenden benannten irrationalen Denkweisen sind oft von einer »mußturbatorischen Ideologie« (Ellis, zit. nach Hoppe, 1988, S. 4) gekennzeichnet. Albert Ellis leitet das Wort von »masturbieren« ab, welches wörtlich genommen »mit der Hand verwirren« bedeutet. Das Wort »musturbieren« bekommt damit die Bedeutung von »sich mit einem Muss verwirren«. Sollten Sie – bisher – öfter Worte wie »muss, sollte, darf nicht« benutzt haben und damit absolute Forderung ausdrücken, unterliegen Sie dieser mussturbatorischen Ideologie.

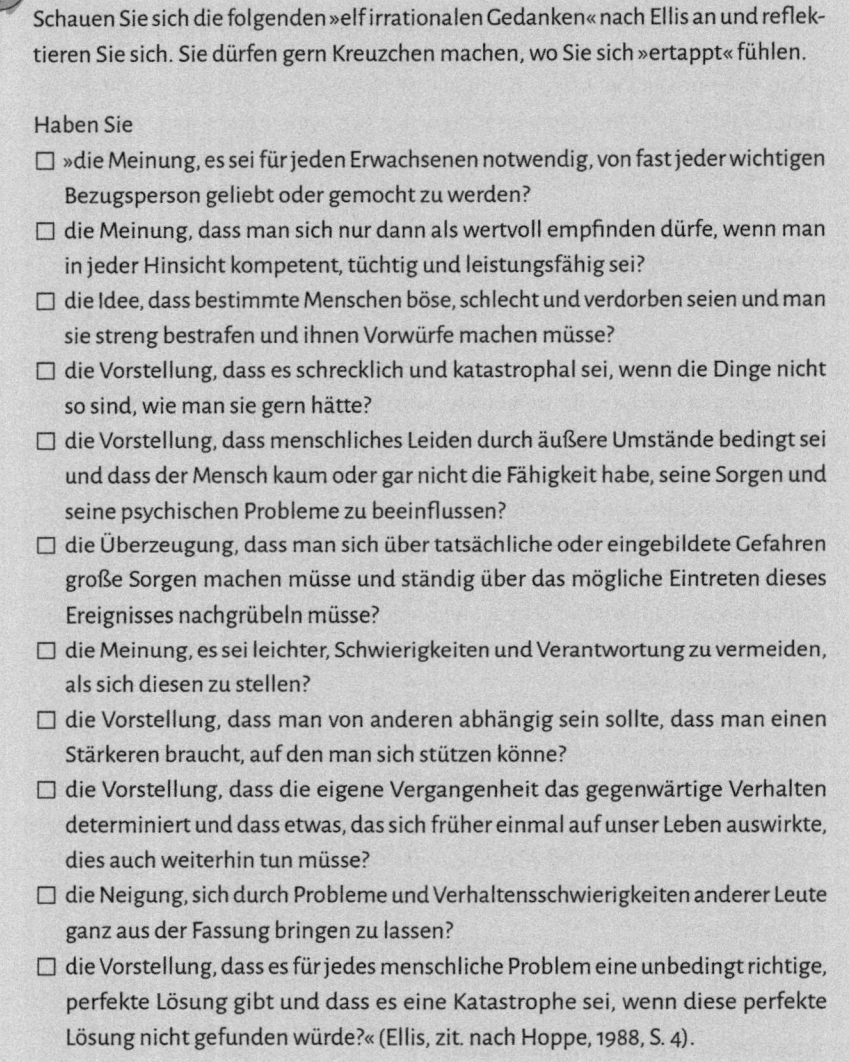

Schauen Sie sich die folgenden »elf irrationalen Gedanken« nach Ellis an und reflektieren Sie sich. Sie dürfen gern Kreuzchen machen, wo Sie sich »ertappt« fühlen.

Haben Sie
- ☐ »die Meinung, es sei für jeden Erwachsenen notwendig, von fast jeder wichtigen Bezugsperson geliebt oder gemocht zu werden?
- ☐ die Meinung, dass man sich nur dann als wertvoll empfinden dürfe, wenn man in jeder Hinsicht kompetent, tüchtig und leistungsfähig sei?
- ☐ die Idee, dass bestimmte Menschen böse, schlecht und verdorben seien und man sie streng bestrafen und ihnen Vorwürfe machen müsse?
- ☐ die Vorstellung, dass es schrecklich und katastrophal sei, wenn die Dinge nicht so sind, wie man sie gern hätte?
- ☐ die Vorstellung, dass menschliches Leiden durch äußere Umstände bedingt sei und dass der Mensch kaum oder gar nicht die Fähigkeit habe, seine Sorgen und seine psychischen Probleme zu beeinflussen?
- ☐ die Überzeugung, dass man sich über tatsächliche oder eingebildete Gefahren große Sorgen machen müsse und ständig über das mögliche Eintreten dieses Ereignisses nachgrübeln müsse?
- ☐ die Meinung, es sei leichter, Schwierigkeiten und Verantwortung zu vermeiden, als sich diesen zu stellen?
- ☐ die Vorstellung, dass man von anderen abhängig sein sollte, dass man einen Stärkeren brauche, auf den man sich stützen könne?
- ☐ die Vorstellung, dass die eigene Vergangenheit das gegenwärtige Verhalten determiniert und dass etwas, das sich früher einmal auf unser Leben auswirkte, dies auch weiterhin tun müsse?
- ☐ die Neigung, sich durch Probleme und Verhaltensschwierigkeiten anderer Leute ganz aus der Fassung bringen zu lassen?
- ☐ die Vorstellung, dass es für jedes menschliche Problem eine unbedingt richtige, perfekte Lösung gibt und dass es eine Katastrophe sei, wenn diese perfekte Lösung nicht gefunden würde?« (Ellis, zit. nach Hoppe, 1988, S. 4).

»Infektionen«

Wenn unser Immunsystem nicht mehr zwischen Infektionen (von außen) und körpereigenen Stoffen unterscheiden kann, sprechen wir von Autoimmunkrankheiten. Genau wie in unserem physiologischen (Immun-)System existieren solche Phänomene in unserem psychologischen System. Die Psyche erkennt dann nicht den Unterschied zwischen fremd und eigen. Derartige Introjektionen als Infektionen zu betrachten kann uns helfen, dass wir unser psychisches Immunsystem besser verstehen können und ebenso handlungsfähig werden. Mit folgenden »Infektionen« ist laut Gabriela von Witzleben (vgl. 2019; zit. nach Bohne, 2007) zu rechnen:

Emokokken
Dies sind Infektionen mit den Gefühlen anderer Menschen (z. B. verhält sich das Kind, welches bei seiner ängstlichen Mutter großgeworden ist, in seinem späteren Leben ebenso ängstlich).

Kognokokken
Dies sind Infektionen mit Überzeugungen und Werten anderer Menschen (Glaubenssätze/Hirnstuss sind in diesem Sinne quasi Kognokokken).

Embodikokken
Körpersymptome (Empfindungen wie »Kloß im Hals« und Nackendruck) oder Körperhaltungen (Gestiken und Mimik) einer anderen Person werden übernommen.

Welche Infektionen kennen Sie? Reflektieren Sie die oben aufgeführten Arten und finden Sie eigene Beispiele!

Die Top Five der Lösungsblockaden

Lösungsblockaden sind negative Gedanken, welche unser Leben schwierig machen. Michael Bohne beschreibt in »Bitte klopfen! Anleitung für emotionale Selbsthilfe« (2010) folgende Top Five:

1. Selbstvorwürfe
   Gedanken wie »Ich bin zu doof dafür« oder »Ich bin immer schuld daran« lassen unseren Stresspegel steigen.
2. Vorwürfe anderen Menschen gegenüber
   Mit Vorwürfen wie »Weil du so bist, geht es mir schlecht«
   oder »Du bist daran schuld« machen wir uns selbst zu Opfern und geraten in lähmende Hilflosigkeit und Einsamkeit.

3. Umgang mit nicht erfüllten Erwartungen
   Erwartungen daran, dass andere Menschen uns glücklich machen und zum Erfolg verhelfen, behindern uns, da wir ein Ziel definieren, das wir nicht erreichen können. Wir übergeben damit anderen die Fernbedienung für unsere eigene Zufriedenheit.
4. Altersregression (»Schrumpfen«)
   Wenn wir »schrumpfen«, verhalten wir uns wie in Kindertagen. Unser inneres Kind übernimmt das Steuer und es fällt uns schwer, erwachsen zu agieren.
5. Dysfunktionale Loyalitäten
   Damit sind Einstellungsmuster wie »Man muss einen richtigen handwerklichen Job machen und braucht nicht studieren« oder »Chefs sind Nichtsnutze« aus der Herkunftsfamilie gemeint. Wenn wir diese unreflektiert lassen, können sie dazu führen, dass wir bestimmte Ziele (z. B. ein Management-Studium) nicht in den Blick nehmen.

Welche der fünf Lösungsblockaden kennen Sie und wie wirken diese sich bei Ihnen aus?

Gert Kaluza führt in seinem Buch »Stressbewältigung. Trainingsmanual zur psychologischen Gesundheitsförderung« (2004) auf, dass viele Menschen einen stressverstärkenden Denkstil benutzen. Mit diesen »Stressverstärkern« arbeite ich gern. Sie zeichnen sich durch folgende Denkweisen aus:

- selektive Wahrnehmung von negativen Ereignissen oder Erfahrungen,
- selektive Verallgemeinerung von negativen Ereignissen oder Erfahrungen,
- Katastrophisieren: Folgen negativer Ereignisse werden überbewertet,
- Personalisieren: alles auf sich beziehen.

Welche Denkstile kennen Sie? Reflektieren Sie die oben aufgeführten Arten und finden Sie eigene Beispiele!

Diese Denkmuster haben zur Folge, dass Sie dadurch Ihre Handlungs- und Bewältigungsmöglichkeiten »verzerrt« bewerten. Kaluza hebt zusätzlich fünf wesentliche Stressverstärker hervor, welche Sie sicherlich, wie alle anderen Menschen auch, mehr oder weniger gut kennen. Hinter jedem dieser Stressverstärker stehen Wünsche und Ängste.

Sei perfekt!
Überhöhter Wunsch nach Anerkennung und Bestätigung durch andere; Angst vor Misserfolg, Versagen, Fehlern

Sei beliebt!
Überhöhter Wunsch nach Zugehörigkeit und Liebe; Angst vor Ablehnung, Kritik, Zurückweisung

Sei stark!
Überhöhter Wunsch nach Unabhängigkeit und Selbstbestimmung; Angst vor Abhängigkeit, Schwäche

Sei auf der Hut!
Überhöhter Wunsch nach Sicherheit und Kontrolle; Angst vor Kontrollverlust, Fehlentscheidungen, Risiken

Ich kann nicht!
Überhöhter Wunsch nach Wohlbefinden und Bequemlichkeit; Angst vor unangenehmen Gefühlen, Frustrationen, Anstrengungen

Reflektieren Sie sich! Welchen Stressverstärker kennen Sie besonders gut?

Im Folgenden möchte ich einige weitere Reflexionshilfen anbieten, mit welchen wir dem Hirnstuss auf den Grund gehen können: Wo kommt er her? Wo und wann wirkt er besonders? Was hängt womit oder mit wem zusammen?

Kontextfokussierung

Wie schon gesagt: Das Verhalten der Menschen – also auch Ihr Verhalten – ergibt im Kontext einen Sinn. Das bedeutet, dass unser Kontext (unsere Rahmenbedingungen, unsere Umwelt) auf unser Verhalten und Denken einen großen Einfluss hat. Der Kontext ist groß, angefangen bei unseren Erfahrungen in der eigenen Herkunftsfamilie über unsere Sozialisation, unsere Bildungserfahrungen, unsere früheren und aktuellen Beziehungen und Tätigkeiten bis hin zu gesellschaftlichen Systemen und Dynamiken. Fakt ist, die Rahmenbedingungen wirken (und manchmal eben auch eher negativ) auf unser Wohlbefinden.[8]

Schauen Sie nun einmal auf Ihre beruflichen und privaten Rahmenbedingungen und fragen Sie sich:
- Wie würden Sie Ihre Rahmenbedingungen beschreiben?
- Was fördert Sie?
- Was hindert Sie?
- Welchen Sinn hat Ihr Verhalten in diesem Kontext?
- Was können Sie am »Rahmen« verändern und wie?
- Welche Optionen gibt es?
  - love it (das Minimum ist Akzeptanz),
  - change it (Welche kleinen Möglichkeiten zur Optimierung existieren?),
  - leave it (Ist es in der Unmöglichkeit, eine Situation auszuhalten, möglich, sie zu verlassen?)

Männliche und weibliche Ahnen und das Credogramm

Die Zukunft wurzelt im Gestern. Wer wir sind und woher wir kommen, kann (muss aber nicht) unsere Ressourcen und Potenziale beeinflussen. Viele Rollen, Werte und Normen werden uns in unserer Herkunftsfamilie vorgelebt und damit geprägt. Wir haben sie als Einstellungen und Glaubenssätze in uns verankert und sie wirken ein Leben lang mehr oder weniger auf uns ein. Unsere Ahninnen und Ahnen haben uns über Generationen vielfältige Denk- und Verhaltensmodelle mitgegeben. Manche machen uns stark, fördern uns, und manche begrenzen oder hindern uns. Es lohnt sich ein Blick zurück! Dieser Blick kann uns nutzen, neue Ideen zu entwickeln beziehungsweise von vorherigen Generationen zu lernen. Manchmal werden wir beim genauen Betrachten des Kontexts der gesellschaftlichen Wirklichkeit von damals davon

---

8 Manche Rahmenbedingungen, ob beruflich oder privat, sind manchmal einfach beschissen (ich möchte das auch gar nicht mit einem anderen Wort relativieren)! Es ist dann nur bedingt umsetzbar, das »richtige« Mindset zu entwickeln. Ich möchte an dieser Stelle betonen, dass ich weit davon entfernt bin, die Lösung aller Probleme *nur* im korrekten Mindset zu finden. Eine weitere wichtige Strategie zur Herstellung von Zufriedenheit ist in diesem Zusammenhang auch, sich zu seinem Umfeld zu positionieren, damit also gleichzeitig zu Zuständen und Situationen. Um es mit den Worten der »besten Band der Welt« zu sagen: »Es ist nicht deine Schuld, dass die Welt ist, wie sie ist – es wär nur deine Schuld, wenn sie so bleibt« (Die Ärzte: »Deine Schuld«).

überrascht, welche Handlungsideen und Wünsche unsere Vorfahren und Vorfahrinnen hatten und wie sie diese, zum Teil trotz widriger Umstände oder gerade deshalb, auslebten. Um eine Veränderungsidee zu bekommen, sollten wir aber eben auch über uns einengende, verpflichtende und nicht diskutierbare Gedanken und Handlungen reflektieren, die uns aus der Vergangenheit heraus beeinflussen. Sinnvoll erscheint dabei zu wissen und zu fühlen, wie es nicht bleiben, sein oder werden soll. Dann haben wir die Wahl, etwas ganz anderes zu tun und zu leben.

Lassen Sie sich durch folgende Fragen zur Reflexion anregen:
- Welche Rollenbilder, Geschlechterbilder, Werte, (Verhaltens-)Normen und Glaubenssätze beziehungsweise (Grund-) Einstellungen und Verhaltensweisen haben Sie in Ihrer Herkunftsfamilie erlebt?

Legen Sie eine Liste der Regeln an, die in der Ursprungsfamilie gültig waren (mindestens zwölf Regeln aus der Kindheit).
- Welchen Zweck erfüllen diese Regeln heute in Ihrem Leben?
- Welchen Überlebensaspekt, welchen Weisheitskern haben diese Regeln für Sie?
- Wie, wann und wo behindern Sie diese?
- Welche Ihrer derzeitigen oder alten Regeln sind passend beziehungsweise unpassend?
- Wie hoch ist der Preis, sie einzuhalten?
- Welche Regeln aus Ihrer Kindheit haben Sie weitergegeben?
- Wie können Sie den zwingenden Charakter der Regeln verändern?

In eine ähnliche Richtung geht das Credogramm, welches ich bei meinem Kollegen Ludger Kühling (2018) kennengelernt habe. Das lateinische »credo« meint »etwas, woran ein Mensch glaubt«. Die griechische Silbe »gramm« bezeichnet den Akt der Verschriftlichung.

Gestalten Sie Ihren selbstreflexiven Überblick der Glaubens- und Wertevorstellungen, verschriftlichen Sie Ihre Landkarte der inneren Bilder.
- An welchen Geboten oder Richtlinien orientieren Sie sich? An welchen Ihre Ahnen und Ahninnen?
- Welche Verhaltensweisen schätzen Sie besonders, was ist Ihnen im Umgang mit Ihren Mitmenschen wichtig?

- Welche Symbole spiegeln Ihre Überzeugungen und warum?
- Welche Menschen verkörpern für Sie positive Eigenschaften oder Überzeugungen? (vgl. Kühling, 2018).

Vielleicht haben Sie den einen oder anderen Hirnstuss erkannt, welcher weitgehend aus Ihrer Herkunftsfamilie stammt. Wichtig ist mir an dieser Stelle ganz deutlich zu erwähnen, dass Ihre Eltern Ihnen diese Glaubenssätze mit bestem Wissen und Gewissen in Ihr Hirn »hineingeküsst« haben. Sie wollten sicherlich das Positivste für Sie. Auf die durch früheren Hirnstuss implantierten Probleme im Heute werden wir noch einmal zurückkommen.

Die »Schatten«

Kennen Sie das? Manchmal gibt es Menschen um Sie herum, auf die Sie leidenschaftlich ablehnend reagieren. Falls das so ist, könnte das mit Ihnen und Ihrem Hirnstuss zusammenhängen. Ich schlage Ihnen eine kleine Reflexionsübung vor, die »vier Schritte zur Schattenintegration«, welche ich mit meinem Kollegen Marco Helmert (in Anlehnung an die Schattenarbeit nach Carl Gustav Jung, unter anderem nachzulesen in »Aion. Beiträge zur Symbolik des Selbst«, 1948/1950) entwickelt habe:

1. Finden Sie eine Gruppe (einen »Menschentyp«), welche/n Sie leidenschaftlich ablehnen (Sie fühlen sich womöglich dabei »höherwertig«, »überlegen« oder »besser«)!
2. Finden Sie ein Symbol/einen Namen mit größtmöglich emotionaler Besetzung (Adjektiv + Substantiv: »diese egoistische Alleingängerin«, »dieser versnobte Ignorant«; Sie können in den Bezeichnungen gern so emotional überspitzen, wie Sie mögen)!
3. Fragen Sie sich:
   a) Was erlauben Menschen/Gruppen, die Sie leidenschaftlich ablehnen, sich? Was tun diese sich Gutes?
   b) Was können die gut?
   c) Was ist daran attraktiv?
4. Fragen Sie sich:
   a) Wann, wo oder wie sollte ich mir dies (auch mehr) erlauben
   oder

> b) Wann, wo oder wie verhalte ich mich vielleicht (manchmal) ähnlich und habe es bisher noch zu wenig wahrgenommen?
> oder
> c) Was habe ich (vielleicht) an mir, dass sich das Gegenüber so verhält?

Ich habe den folgenden Gedanken bereits angeregt: Passionierte Ablehnung von anderen Menschen ist meist ein Zeichen eigener Affinität und hat womöglich mit Ihnen (bzw. mit Ihren Denk- oder Verhaltensweisen) zu tun, es triggert Sie. Die Kernfrage könnte dabei sein: Auf welches eigene Thema möchte mich die Wahrnehmung des Denkens und Verhaltens meines Gegenübers möglicherweise hinweisen?

Das Problem beim Schatten ist, dass ich einen Spiegel brauche, da ich ihn naturgemäß ja selbst nicht wahrnehmen kann. Diesen Spiegel halten Sie sich selbst vor, wenn Sie sich fragen: Vielleicht kann das Gegenüber etwas, was Sie bisher noch nicht können? Möglicherweise gelingt es ihm zum Beispiel, seine Bedürfnisse in den Vordergrund zu stellen und gut für sich zu sorgen? Oder dieses Gegenüber triggert bei Ihnen einen Hirnstuss, welcher vielleicht »Sei beliebt!« heißt. Beobachten Sie sich und finden Sie die Denkkonstruktionen, die in diesen Kontexten hemmend sind. Das langfristige Ziel ist die Integration von Schatten in die Gesamtpersönlichkeit. Nehmen Sie diese Anteile wahr, begrüßen Sie sie und lassen Sie die Anteile an Ihrer inneren Tafelrunde Platz nehmen. Kämpfen Sie nicht dagegen, sonst ergibt sich die Tendenz, dass die Schatten größer werden. Wenn Sie die Schatten-Anteile willkommen heißen, werden Sie mehr Energie haben, mehr in Ihrer »Mitte« sein und sich auf Ihre Vorhaben fokussieren können.

Der Eisberg

Vielleicht kennen Sie das Eisberg-Modell aus Kommunikations- oder Konflikttheorien (vgl. Gerrig u. Zimbardo, 2008)? Das Typische an einem Eisberg ist, dass oberhalb der Wasseroberfläche eine kleinere Spitze (Sachthemen) herausschaut und der Großteil des Eisbergs (Beziehungsthemen) sich unter der Wasseroberfläche befindet. Im übertragenen Sinn sind ober- und unterhalb der Wasseroberfläche folgende Aspekte zu finden:
- Sachthemen = (bewusste) Inhalte: Fakten, Daten, Zahlen, Informationen
- Beziehungsthemen (tendenziell eher vorbewusst/unbewusst/nicht greifbar/ unterschwellig): Erfahrungen, Wertvorstellungen, Gefühle, Interpretationen, Glaubenssätze/Annahmen, Bedürfnisse, Instinkte/Triebe

In Kommunikationsprozessen werden wir oft zu einem größeren Teil von den Dingen, die unter der Wasseroberfläche liegen, geleitet. So sind beispielsweise in Konfliktsituationen Gespräche auf der Sachebene schwer beziehungsweise nicht möglich. Es braucht aus meiner Erfahrung heraus daher immer wieder das Sprechen und damit auch das Reflektieren über die Dinge, welche unter der Oberfläche liegen.

Beobachten Sie sich in Interaktionen/Kommunikationen/Konflikten mit anderen Menschen und reflektieren Sie:
- Was leitet Sie in den Gesprächen?
- Welche Rolle spielen die Sach-/Inhaltsaussagen im Bezug zu Beziehungsaspekten?
- Welche Rolle spielt Ihr Hirnstuss in der Kommunikation?
- Welche Hirnküsse könnten nützlich sein beziehungsweise sind schon jetzt nützlich?

Einen ähnlichen Ansatz nutzt die Matrix von Polk, Webster und Hambright (vgl. Wengenroth, 2017) aus der Akzeptanz- und Commitmenttherapie nach Begründer Stephen C. Hayes (s. Abbildung 4). Darin werden die Ebenen »äußeres Verhalten« sowie »inneres Erleben« (Gedanken, Gefühle, Wertvorstellungen) unterschieden. Ebenso wird der Blick auf die Richtungen »hin zu« (da will ich hin) und »weg von« (davon möchte ich weg) gelenkt (vgl. Wengenroth, 2017):

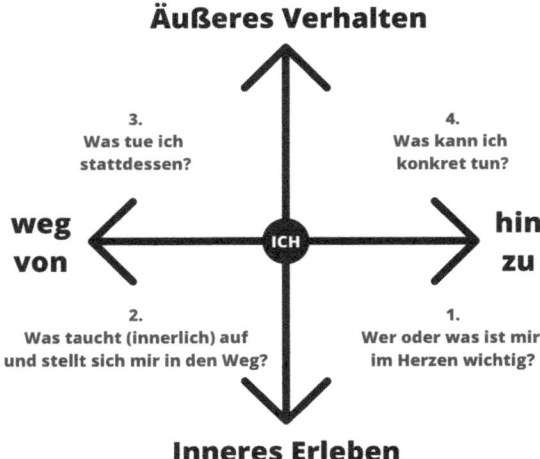

Abbildung 4: Die ACT-Matrix

Reflektieren Sie:

1

- Wer oder was ist mir im Herzen wichtig?
- Welches »innere Erleben« nehme ich wahr?
- Welche Gedanken und Einstellungen habe ich?
- Welche förderlichen Glaubenssätze sind präsent?
- Welche Gefühle, Emotionen, Affekte oder Impulse verspüre ich?
- Welche Wertvorstellungen sind aktiv?
- Was ist mir wichtig und wertvoll im Leben?

2

- Was taucht (innerlich) auf und stellt sich mir in den Weg?
- Welche Gedanken, Einstellungen, Glaubenssätze und Gefühle machen es mir schwer, mich auf das zuzubewegen, was mir wichtig ist?
- Was ist schmerzhaft?
- Welche Blockaden und inneren Hindernisse bremsen mich?

3

- Was tue ich stattdessen?
- Was tue ich, um den ungewünschten Gefühlen, Gedanken und Glaubenssätzen aus dem Weg zu gehen beziehungsweise diese abzumildern?
- Von welchen Verhaltensweisen möchte ich mich verabschieden, weil sie nicht nützlich für mich sind?
- Was sind gute bisherige Scheiterstrategien (Was haben Sie getan, was nicht funktioniert hat)?
- Was kann ich konkret tun?
- Was tue ich, um mich auf Dinge oder Menschen zuzubewegen, die mir wichtig und wertvoll sind?
- Wie verhalte ich mich in Bezug auf meine (beruflichen, privaten) Tätigkeiten und Beziehungen?
- Was tue ich für ein gut gelebtes und gewolltes Leben, für ein »So wie ich sein möchte«? (vgl. Wengenroth, 2017).

Die Energie

Positive Denkkonstruktionen sind Kraftstoff, sind Energie. Die Art Ihrer Glaubenssätze wird über Ihre Motivation (Hirnküsse) oder auch Demotivation

(Hirnstuss) entscheiden. Ortwin Meiss skizziert in seinem Buch »Hypnosystemische Therapie bei Depression und Burnout« (2016) den Effekt des Energiesparmodus, den ich bereits im Zusammenhang des TPHG-Checks aufführte. Ein Energiesparmodus entsteht, wenn ein grobes Missverhältnis zwischen dem Einsatz, den man in eine Tätigkeit oder Beziehung investiert hat, und dem Ertrag, den man aus der Tätigkeit oder Beziehung zieht, besteht. Dies gibt der Demotivation (oder »Depression«/»Burnout«) eine Funktion, nämlich: Die Demotivation hält die Person ab, weitere Energie in etwas zu investieren, was keine Resultate bringt, und hilft, zukünftige Minusgeschäfte zu vermeiden (vgl. Meiss, 2016). Ich habe daraus ein kleines Tool – das ENERGIEmeter – entwickelt, mit welchem Beziehungen und Tätigkeiten hinsichtlich des Energiehaushaltes reflektiert werden können. Ebenso können Sie innerhalb der Reflexion den Blick auf Ihre Glaubenssätze lenken, welche in diesen Kontexten (in hinderlicher Form) auftauchen. Tätigkeiten und Beziehungen können privater oder beruflicher Natur sein. Wenn Sie diese sammeln, denken Sie bitte so differenziert wie möglich. Mit Sicherheit existieren zum Beispiel mehrere Tätigkeiten in Ihrem Job oder im Privatleben. Neben den beruflichen oder privaten Blickwinkeln lohnt sich ein Blick in das – wie ich es nenne – »Intrapsychische«: Vielleicht gibt es bei Ihnen interne Beziehungen zu oder zwischen einzelnen inneren Anteilen? Möglicherweise agieren diese Anteile miteinander oder mit Ihrem »bewussten Ich«, Ihrer »Steuerungsinstanz«, und üben damit Tätigkeiten (z. B. grübeln, innerlich streiten) aus. Kurzum: Was machen Sie mit sich selbst? Der »dritte Kuss« in diesem Buch erklärt dazu noch einige Hintergründe.

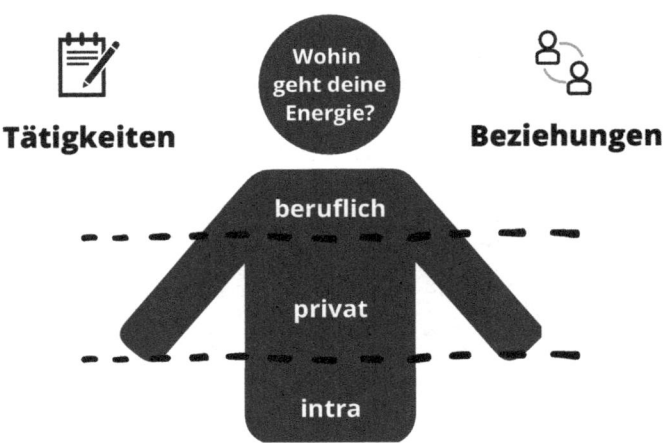

Abbildung 5: Das ENERGIEmeter

Facette 2: Begrenzungen und Quellen identifizieren

Nehmen Sie sich ein großes Platt Papier und sammeln Sie alle privaten, beruflichen sowie intrapsychisch-bewussten Beziehungen und Tätigkeiten. Danach prüfen Sie Ihre Energiebilanz, indem Sie die entsprechenden Tätigkeiten und Beziehungen mit drei unterschiedlichen Farben unterstreichen:

rot = klarer Verlust von Energie
orange = kritisch (vermehrt mit Energieverlust verbunden)
grün = ausgewogen (vermehrt mit Energiegewinn verbunden)

Schauen Sie auch durch die Hirnstuss-Brille auf Ihre Energiebilanz. Welche hinderlichen Glaubenssätze tauchen bei der Reflexion auf?

Ich hoffe, Sie haben damit einen guten Blick bekommen, wo Ihre Energie hingeht und auch, welche Glaubenssätze Sie fördern oder behindern. Vielleicht haben Sie gleichzeitig eine Idee bekommen, welche Tätigkeiten und Beziehungen verändert oder gar »entfernt« werden sollten beziehungsweise welche neuen Beziehungen oder Tätigkeiten die Energiebilanz »grün« aussehen lassen. Da Sie Energie für Ihre Veränderung, für Ihr Leben brauchen, denken Sie bitte auch immer an die drei Optionen: love it (= akzeptiere es!), change it, leave it!

Werte-Check

Wie bereits beschrieben, existieren zu unseren Werten in der Regel Glaubenssätze. Wenn Sie also Ihre Werte reflektieren, kommen Sie den Glaubenssätzen (sowohl Hirnstuss als auch Hirnküsse) auf die Spur. Hierzu biete ich Ihnen zwei kleine Reflexions-Tools an:

Betrachten Sie Ihre Werte unter folgenden Aspekten:
- Das motiviert mich generell ...
- Das ist mir am wichtigsten ...
- Das veranlasst mich, so zu arbeiten, wie ich arbeite ...
- Das veranlasst mich, so zu leben, wie ich lebe ...
- Das bringt mich jeden Morgen aus dem Bett ...
- Das gibt mir Energie zum Leben ...

Vielleicht haben Sie jetzt bereits einige Ihrer wichtigsten Werte gefunden. Schauen Sie auch gleich einmal, welche Glaubenssätze an diesen Werten »hängen«. Zum Beispiel könnten mit dem persönlichen Wert *Sicherheit* die Glaubenssätze »Sei immer nett zu anderen und streite nicht« oder »Behalte immer die Kontrolle« verbunden sein.

Ein weiteres Tool ist das »Inselspiel«[9]:

1. Stellen Sie sich vor, die Welt geht unter, und Sie könnten sich in letzter Sekunde auf eine Insel retten. Bei Ihrer Rettung ist es Ihnen gelungen, 18 Dinge auf Ihre Insel mitzunehmen. Um welche Dinge handelt es sich? In diesem Spiel geht es nicht um die Realität. Unter »Dingen« kann alles verstanden werden – es gibt also keine Einschränkung. Orientieren Sie sich nur an Dingen, die einen wirklichen emotionalen Ausschlag haben, also ein gutes und wichtiges Gefühl in Ihnen auslösen. Was sind Ihre 18 wichtigsten Gegenstände und/oder Werte im Leben? Schreiben Sie diese untereinander auf.
2. Bei Ihrer Rettung auf die Insel sind leider zwei Dinge davongespült worden. Streichen Sie zwei Dinge aus Ihrer Liste, die Sie nicht mehr brauchen – jetzt!
3. Aus zwei mach eins. Fassen Sie jeweils die beiden untereinanderstehenden davongespülten Dinge mit einem Begriff zusammen. Vielleicht haben Sie manchmal an der einen oder anderen Stelle Schwierigkeiten, sich für einen Wert zu entscheiden. Dann hilft Ihnen vielleicht dieses Gedankenspiel: Stellen Sie sich vor, Sie stecken in einem Käfig und kommen nur frei, wenn Sie sich für ein Ding entscheiden. Dieses Ding wird dann Ihr ganzes Leben bestimmen.
4. Machen Sie so weiter bis zum Ende: Aus 16 mach acht, aus acht mach vier …
5. Falls Sie noch nicht ganz zufrieden sind: Ergänzen Sie zu den vier Dingen noch vier weitere Dinge, welche Ihnen wichtig im Leben sind.
6. Stellen Sie eine Rangfolge auf.

Stress- und Verhaltensreflexion mit dem ABC-Modell: Erfahrung, Bewertung und Reaktion

Wir alle, so wurde bis hierhin deutlich, sind von Stressoren umgeben, die in verschiedenen Kontexten (Arbeit, Familie, Gesellschaft etc.) auf uns einwirken. Die Art der Reaktion auf diese Stressoren ist sehr individuell, da sie stark von

---

9 Arbeitsblatt zum Inselspiel: https://www.weiterbildungsinitiative.de/fileadmin/Redaktion/Publikationen/Anhaenge/Arbeitsblatt_2_Das_Inselspiel.pdf (Zugriff am 21.02.2023).

Bewertungen und Einstellungen jedes und jeder Einzelnen abhängt. Diesen Bewertungen liegen (mehr oder weniger bewusst wahrgenommen) zwei Aspekte zugrunde:
1. Ist der Auslöser/Stressor für mich ein Schaden (Verlust oder Bedrohung) oder eine Herausforderung?
2. Wie schätze ich meine Bewältigungsmöglichkeiten ein?

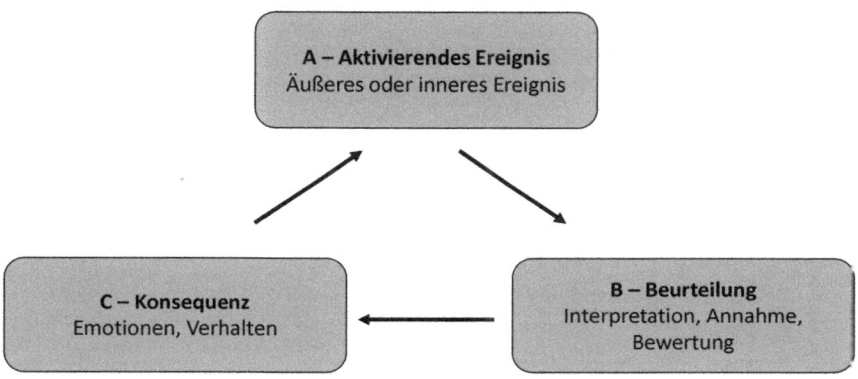

Abbildung 6: Stressentstehung nach ABC-Modell (nach Ellis, 1997)

Das auf Stressoren bezogene Bewertungssystem wird beeinflusst von unseren Motiven, Einstellungen und Glaubenssätzen (u. U. in Form von Hirnstuss wie hohe Ansprüche, Ehrgeiz, Perfektionismus, Ungeduld, Einzelkämpfertum, Kontrollambitionen, Selbstüberforderung). Je nachdem, wie erfolgreich wir den aus Bewertungen resultierenden Lösungsprozess abschließen, reagieren wir auf kognitiver Ebene (Gedanken), emotionaler Ebene (Gefühle) und muskulärer beziehungsweise vegetativer Ebene (Körper). Sollten wir uns nicht von extremen Anforderungen erholen und/oder konnten wir diese nicht gut bewältigen, können basierend auf den drei Ebenen langfristig Konsequenzen wie hohe Fehlerquoten, Schlafstörungen, negative Gefühle und Emotionen, Konzentrationsstörungen, Hörstürze, Herz-Kreislauf-Beschwerden oder sexuelle Störungen folgen.

Die meisten Menschen generalisieren und verallgemeinern im Denken und Sprechen. Mir begegnen viele, die zum Beispiel sagen: »Ich habe Stress auf der Arbeit«, »Meine Beziehung stresst mich« oder andere Dinge. Ich gebe dann gern zu bedenken: »Wie viele Stunden arbeiten Sie? Wenn Sie die ganze Zeit Stress hätten, wären Sie vielleicht schon nicht mehr unter uns ... Vielleicht gibt es größere oder kleinere Momente innerhalb Ihres Arbeitslebens, in welchen Sie so etwas wie ›Stress‹ empfinden?«. Eine gute Methode zur Reflexion bezüglich dessen, was wirklich stresst und wie sich das auswirkt, ist die Stress- und Verhaltensanalyse aus der Verhaltenstherapie, welche unter anderem Angelika Wagner-Link mithilfe des »SORK«-Modells[10] (2010, S. 35) und Gert Kaluza anhand der »Stressampel« (2004, S. 13) gut beschreiben. Ein Konglomerat aus beiden Methoden ergibt folgende Überlegungen:

Denken Sie an eine stressige beziehungsweise belastende Situation. Erkennen Sie die Belastungssituation hinsichtlich der Frage »Was stresst Sie« (allgemeine »Problemwolke«)?

Ich gerate in Stress, wenn …
Beschreiben Sie so gut Sie können die konkrete Situation. Erarbeiten Sie die konkrete Situationsbeschreibung, finden Sie den genauen Stressor:
- Ort, Zeit, genaue Handlung
- Häufigkeit
- Zusammenhang mit anderen Problemen

Ich setze mich selbst unter Stress, indem ich …
Beschreiben Sie Ihr Inneres. Beobachten und erkennen Sie rechtzeitig
- gedankliche Reaktionen (innere Dialoge, innere Bilder, Bewertungen, Erfahrungen)
- emotionale Reaktionen (Gefühle)
- muskuläre und physiologische Reaktionen (Körperempfindungen)
- Wie genau war mein Verhalten? (Beobachterperspektive nutzen)

Wenn ich im Stress bin, dann …
Wie reagieren Sie im Stress? Identifizieren Sie Nachwirkungen, Belastungen und Konsequenzen. Auf welcher Ebene reagieren Sie besonders stark?
- kognitiv (Gedanken)
- emotional (Gefühle)
- vegetativ (Nervensystem, Körper)
- muskulär (Muskeln)

---

10 Unter Bezugnahme auf das von Ogden R. Lindsley, Frederick H. Kanfer und George Saslow weiterentwickelte Modell zum operanten Konditionieren.

Speziell bei der Reflexion des dritten Punktes kommen Ihre inneren Stressantreiber, Ihr Hirnstuss, zum Ausdruck. Langfristig sehe ich bei der Bewältigung von negativen Stressreaktionen, neben der Veränderung der Umgebungssituation, nur zwei gute und anhaltend wirksame Wege:
1. Einstellungsveränderung (Veränderung des Mindsets)
2. Entspannungstechniken (speziell auf der jeweiligen Ebene der Stressreaktion)

Stressverstärker – Reflexion mit Mischpult und Bühne

Eine weitere Möglichkeit, neben Stressoren und Stressverhalten auch Stressverstärker zu reflektieren, ist das Stressverstärkermischpult. Ich zeichne dabei gern das Mischpult auf ein Blatt Papier, erkläre dabei das »Bewertungssystem« (s. Abbildung 7) und zusätzlich, aus welchem guten Grund wir wie in stressigen Situationen agieren. Dann bitte ich darum, die einzelnen Stressverstärker auf einer Skala von 1 bis 10 zu bewerten, um die Regler beim Mischpult einzustellen. Die 10 bedeutet, dieser Stressverstärker hat eine hohe Relevanz (den kenne ich gut und er liegt mir oft in schwierigen Situationen vor den Füßen) und die 1 bedeutet das Gegenteil. Alle diese Stressverstärker kennen wir, manche mehr und manche eben weniger. Auf diese Art und Weise sind dann die Ausschläge der Regler zu verstehen. Die Stressverstärker, welche für uns eine hohe Relevanz haben, sorgen auch für den größten Pegelstand am Pult. Es kann gut sein, dass viele dieser Regler bei Ihnen im oberen Bereich sind. Also, los geht's, reflektieren Sie!

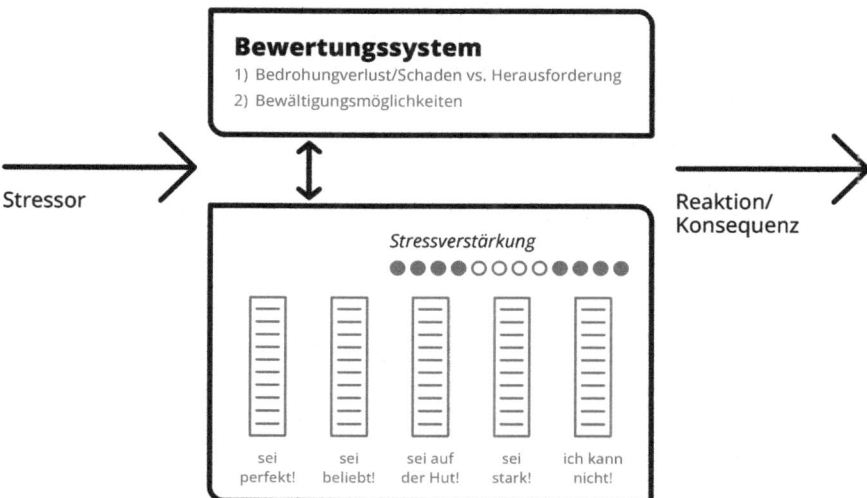

Abbildung 7: Das Stressverstärker-Mischpult

Nehmen Sie sich jeden Regler am Pult vor und markieren Sie den Reglerstand! Stellen Sie sich vor, wie laut oder leise der Output (Ihre Reaktionen) ist!
- Welcher Stressverstärker »nervt« beziehungsweise »blockiert« Sie am meisten?
- Falls Sie einen Regler herunterregeln könnten, welcher wäre das? Welcher hätte womöglich auch Auswirkungen auf andere Regler?
- Welcher Regler ist der Boss oder die Chefin?
- Sind die Regler »männlich« oder »weiblich« (ist der Stressor vielleicht die Mutter oder der Vater)?

Eine weitere Option zur Stressverstärker-Reflexion ist die innere Bühne. Wenn Sie sich vorstellen, jeder der Ihnen bekannten Stressverstärker wäre eine Figur, (Schau-)Spielende auf einer inneren Bühne: Wie sähen die Darstellenden aus? Wer stünde wo und wie in Bezug zu den anderen? Wer wäre die »Rampensau« und stünde dominant im Mittelpunkt? Wer würde sich zurückhalten? Welche Koalitionen und Feindschaften würden existieren? Wer wäre vielleicht hinter der Bühne oder würde noch im Backstage (in der Garderobe) sitzen? Wer würde denn vielleicht noch auf dem Parkplatz hinter der Bühne herumlungern und warten? Welche weiteren Darstellenden gäbe es, die den Stressverstärker-Darstellenden wohlwollend oder gar feindlich gegenüberstehen würden? Wie würden sie die Szenerie verändern?

Zeichnen Sie Ihre innere Bühne! Reflektieren Sie die Situation und die Auswirkungen dieser Szenerie! Machen Sie sich Gedanken, wie sich diese Szenerie verändern müsste, so dass Ihr Veränderungswunsch in die Realität umgesetzt werden könnte!
- Welche Dinge sind zu verändern?
- Wer muss welche Rolle spielen?
- Welche vielleicht neuen Akteurinnen und Akteure sind in das Bühnenbild einzubringen?

Auch die Stressverstärkerstrukturaufstellung zur Visualisierung Ihrer Situation und der Konstellation der Stressverstärker ist ein relevantes Tool. Dazu nehmen Sie sich sieben unbeschriebene Karten oder Zettel. Falten Sie daraus Pfeile und beschreiben Sie sie mit den Worten:

- Fokus (das sind Sie mit Ihrem Blick auf das Thema)
- Ziel (schreiben Sie auf die Karte entweder nur das Wort »Ziel«, Ihren konkreten Veränderungswunsch oder auch bspw. nur das Oberthema »Gesundheit«)
- Sei perfekt!
- Sei beliebt!
- Sei stark!
- Sei auf der Hut!
- Ich kann nicht!

Nachdem Sie dies getan haben, legen Sie die Karten so zueinander auf den Boden (»Bodenanker«), wie es sich für Sie im problematischen Stressmoment anfühlt. Die Pfeilspitzen sind eine Art Blickrichtung: Welcher Aspekt schaut welchen an? Über die Abstände können Sie regulieren, wie die einzelnen Aspekte zueinanderstehen – manche sind sich näher, einige stehen Seite an Seite. Stellen Sie sich nun auf den Zettel »Fokus« und fühlen Sie, wie die einzelnen Aspekte auf Sie wirken. Sinn dieser Übung ist, dass Sie ein Gefühl dafür bekommen, welcher Glaubenssatz/Stressverstärker Sie am meisten daran hindert, Ihr Ziel zu erreichen. Nachdem Sie die Ist-Situation mittels der Pfeil-Struktur dargestellt haben, können Sie sich gern ein Wunschbild bauen: Wie müsste die Struktur aussehen, damit Sie sich gut auf den Weg zum Ziel machen können?

Das Bewertungssystem

Im diesem Prozess der Bewertung von Erfahrungen spielen unsere Denkstile und Wahrnehmungsfilter eine entscheidende Rolle. Jeder Mensch lebt in einer für ihn einzigartigen Welt. Diese Welt ist so komplex, dass wir sie auf unseren inneren Landkarten vereinfachen (müssen). Diese Karten sind selektiv. Die Art der Karten ist abhängig davon, was man wahrnimmt oder was man erreichen möchte. Die Reduktion erfolgt über Filter. Zum Beispiel ist unsere Sprache ein Filter. Je nachdem, *wie* ich etwas sage oder kommunikativ bewerte, denke und fühle ich auch. Ebenso sind Glaubenssätze, von denen wir viele in uns tragen, Filter. Auch fungieren unsere Kontrollinstanzen (die s. g. »Metaprogramme«) als unbewusste Filter. Diese sind für die Steuerung zuständig, welche Informationen aus der unbewussten Wahrnehmung den Weg in unser Bewusstsein finden. Sie legen fest, worauf wir achten (Aufmerksamkeit), und bestimmen typische Muster im Denken. Metaprogramme sind inhaltsfrei (nicht wie Glaubenssätze und Werte) und geben nur vor, was für uns von Interesse ist. Zum Beispiel gibt es Menschen, die

- entweder detail- oder überblicksorientiert denken,
- Ich-bezogen oder auf andere bezogen sind,
- entweder optional (je nach Kontext) oder prozedural (mal so mal so) handeln,
- »hin zu« oder »weg von« motiviert sind,
- zukunftsorientiert oder vergangenheitsorientiert handeln,
- problemorientiert oder lösungsorientiert denken.

Auch diese Metaprogramme werden aufgrund unserer Erfahrungen und Lernprozesse geprägt und können an verschiedene Kontexte gebunden sein. Eine Person kann beispielsweise im familiären Kontext zu einem starken WIR neigen, dagegen im beruflichen Umfeld aufs ICH gehen. Die einzelnen Metaprogramme sind nicht besser oder schlechter als andere; jede Art, Dinge zu sehen, hat in bestimmten Kontexten ihre Vorteile. Grundsätzlich wird jeder Reiz, teils bewusst, teils unbewusst durch uns bewertet, und zwar dahingehend, dass wir uns fragen: Ist dieser Reiz oder Stressor ein Schaden, eine Bedrohung oder ist es eine Herausforderung? Dazu kommt, dass einige Menschen diverse Stressverstärker (Perfektionismus, es allen rechtmachen, stark sein etc.) in sich tragen (s. o.). Diese zeichnen sich zum Beispiel aus durch
- selektive Wahrnehmung von negativen Ereignissen oder Erfahrungen (z. B. »Ich hatte nur rote Ampeln«),
- selektive Verallgemeinerung/Generalisierung von negativen Ereignissen oder Erfahrungen (z. B. »Ich hatte in meinem Leben immer nur rote Ampeln«),
- Katastrophisieren: Folgen negativer Ereignisse werden überbewertet (z. B. »Ich werde immer rote Ampeln in meinem Leben haben«),
- Personalisieren: Alles bezieht man auf sich selbst (z. B. »Das Leben hat etwas gegen mich«),
- Ursache-Wirkungs-Denken (i. S. v. »wenn ..., dann ...« oder »weil ..., ist ...«) oder Gleichnisse (wie »X bedeutet Y«),
- Bezug auf Zugehörigkeit (einem Ereignis wird eine soziale Bedeutung zugeordnet: »Wenn ich versage, werde ich nicht mehr gemocht«),
- Annahmen wie »Es ist nun mal so ...«, »Die Menschen sind .../Das Leben ist ...«, »Man kann/darf/soll/muss/ist (nicht) ...« oder »Ich bin ...« (vgl. Kaluza, 2004).

Sie können sich sicher vorstellen, wie derartige Denkstile die Zeichnungen von unseren inneren Landkarten beeinflussen. Ich sehe schon deutlich die vielen Sackgassen, Jammertäler und Klagewälder. Eines noch: Fragen Sie sich, wenn Sie spezielle Situationen oder Erfahrungen bewerten, auch immer wieder einmal: Wie alt bin ich gerade? Bin ich im »Erwachsenenmodus« oder spüre, fühle, denke und bewerte ich wie ein »Kind«?

Ein paar Fragen zur Reflexion:

Nehmen Sie sich einen hinderlichen Glaubenssatz/ein inneres Bild und reflektieren Sie dessen Entstehung:
- Auf welchem Kanal wurde der Reiz besonders wahrgenommen (Auge, Ohr, Nase, Mund, Haptik)?
- Welche Rolle spielt meine Aufmerksamkeit in der Bewertung?
- Wie habe ich die Situation bewertet? Eher als Bedrohung, Schaden oder Verlust oder als Herausforderung?
- Habe ich einen optimistischen oder pessimistischen Denkstil?
- Was habe ich weiterhin dazu beigetragen, damit dieses Bild entstehen konnte?

Facette 3: Würdigung und Ressourcen

Würdigen Sie Ihre Glaubenssätze! Finden Sie positive Soundeffekte, Gegenspieler und Gegenspielerinnen sowie Ressourcen, die auch in Ihrem Inneren Team[11] vorhanden sind!

Würdigende Danksagung

Sagen Sie »Danke!« und würdigen Sie den Hirnstuss. Auch negative innere Bilder und Glaubenssätze brauchen eine Anerkennung, damit eine Veränderung möglich ist. Glaubenssätze (und Symptome) sollten wir wie Freundinnen und Freunde behandeln, die auf Besuch kommen.

---

11 Als »Inneres Team« sind innere Stimmen oder Persönlichkeitsanteile bezeichnet. Im weiteren Verlauf dieses Buches werden wir uns damit noch näher beschäftigen, weitere Informationen erhalten Sie unter https://www.schulz-von-thun.de/die-modelle/das-innere-team (Zugriff am 21.02.2023).

Gehen Sie mit Ihrem hinderlichen Glaubenssatz in einen Dialog.
Danken und würdigen Sie ihn für das Bisherige und stellen Sie ihm folgende Fragen:
- Was ist deine positive Absicht?
- Was sind deine Stärken?
- Was wünschst du dir Gutes für mich?
- Was ist deine »eigentliche« Botschaft an mich?
- Mal angenommen, du möchtest wie ich auch, dass ich mein Leben gesünder, würdevoller und entspannter leben kann und dafür würde ich dich etwas verändern wollen – welchen »Job« würdest du gern behalten? Wie könnte ich dich anders formulieren, dass du dich dennoch gesehen fühlst?
- Was möchtest du von mir, damit du einer Veränderung zustimmst?
- Wer in meinem Inneren Team könnte eine stärkende Unterstützung für mich sein?

Soundeffekte

Neben hinderlichen Stressverstärkern beziehungsweise Glaubenssätzen existieren sicher auch noch andere Aspekte in Ihrem Inneren Team, auf Ihrem Mischpult beziehungsweise Ihrer inneren Bühne. Jedes Mischpult hat die Möglichkeit, den Klang mit Effektgeräten zu verändern. Damit der Sound wohlwollender klingt, können Effekte wie zum Beispiel Hall hinzugefügt werden. Ebenso kann man harte Soundspitzen etwas abschneiden oder komprimieren. Fragen Sie sich also:

- Welche Effektgeräte haben Sie?
- Welche Effekte hätte zum Beispiel
  - ein Hall (Reverb) für den räumlichen Klang?
  - ein Echo/Delay für Wiederholungen?
  - ein Gate für das Abschneiden der Spitzen?
  - ein Auto-Tune für das Begradigen »schiefer Töne«?
  - ein Chorus für das Mitklingenlassen weiterer Töne?
  - ein Lautstärkeregler und Equalizer, um die Lautstärke und die Frequenzen einzustellen?
- Was macht Ihren Sound angenehmer oder wohlklingender?
- Wie verändert sich der Klang? Wie wirkt es jetzt?

Gegenspieler und Gegenspielerinnen

Ich bin mir ziemlich sicher und ich hoffe es natürlich auch für Sie: Sie sind nicht allein! Neben den Stressverstärkern, welche unser Leben ab und an etwas am Chillen hindern, haben ebenso Gegenspieler und Gegenspielerinnen einen Platz in Ihrem Inneren Team, an Ihrer inneren Tafelrunde, auf Ihrer inneren Bühne gefunden. Vielleicht sind Sie Ihnen bei der Bearbeitung des Kapitels »Die Schatten« (S. 44 f.) begegnet: die Gemütliche, der Gechillte, die Unordentliche oder der Anti-Kontrollfreak und weitere innere Persönlichkeitsanteile, die Sie bei anderen triggern, sich aber auch in Ihnen wiederfinden lassen.

Überlegen Sie:
- Welche Gegenspielerinnen und Gegenspieler existieren zu den hinderlichen Stressverstärkern?
- Wie steht es um Ihr »bewusstes Ich«?
- Wen gibt es noch im Inneren Team? Wer sind die Kontrahentinnen und Kontrahenten, die Vermittelnden, die Mitlaufenden, die Unterstützenden?
- Wie sieht das Bühnenbild Ihrer inneren Bühne mit diesen vervollständigt aus?
- Welche Unterschiede nehmen Sie nun wahr?

Soziales Netz und Ressourcenlandkarte

Machen Sie sich Ihr Umfeld und Ihre Ressourcen bewusst. Schauen Sie nach inneren und äußeren Fähigkeiten, bestärkenden Umgebungen und Unterstützenden.

Nehmen Sie sich ein Blatt Papier! Malen Sie ein kleines Strichmännchen/-frauchen in die Mitte (das sind Sie) und zeichnen Sie relevante Personen, Gruppen, Vereine, Institutionen drumherum. Wer oder was stärkt Sie?

Streleckys Spielplatz

John Strelecky konfrontierte die Leserinnen und Leser von »Wiedersehen im Café am Rande der Welt« (2017) unter anderem mit der Frage, wie deren Spielplatz aussah und ob sie noch dort spielen würden. Dasselbe frage ich nun auch Sie:

- Wie sah Ihr Spielplatz aus?
- Was haben Sie am liebsten gespielt?
- Was ist aus dem Spielplatz geworden?
- Spielen Sie noch? Wenn ja: Wann und wie? (vgl. Strelecky, 2017)

Facette 4: Disputation, Transformation oder Defusion

Machen Sie einen »Realitätscheck« und überprüfen Sie die hinderlichen Gedanken nach ihrer Gültig- und Nützlichkeit! Verflüssigen Sie Ihre hinderlichen Glaubenssätze oder geben Sie den Gedanken ein anderes Gewicht. Lösen Sie die Gedanken von daraus resultierenden Verhaltensweisen ab.

Im Grunde geht es hierbei erneut darum zu durchdenken, wie sinnvoll und nützlich die bisherigen inneren Bilder sind. Sie kommen quasi auf die Hebebühne und werden dem Hirnstuss-TÜV zugeführt. Die Aspekte der Disputation, Transformation und Defusion dienen dabei der Überprüfung.
- Disputation: die hinderlichen Glaubenssätze und Einstellungen sind kritisch zu hinterfragen (Disput = kritische Auseinandersetzung).
- Transformation innerer Bilder: eine Veränderung im Sinne einer kognitiven Umstrukturierung oder »Verflüssigung« wird vorgenommen.
- Defusion: Loslösung aus der Fusion zwischen Gedanken und Verhalten, den Gedanken keinen wesentlichen Wert mehr geben.

Folgende Anwendungsbeispiele unterstützen die weitere Reflexion und möglicherweise auch die praktische Nutzung dieser drei Blickpunkte:

Die leere Wohnung

Eine gute Möglichkeit ist es, mit der (hypnotherapeutischen) Geschichte »Leere Wohnung« von Stefan Hammel in eine Reflexion einzusteigen.

Facette 4: Disputation, Transformation oder Defusion

»Stell dir vor, du hast ein Haus gekauft und möchtest es beziehen. Eigentlich dachtest du, dass der Vorbesitzer dir das Haus leer übergeben würde. Aber er hat einige Sachen darin stehen lassen. Wenn dir etwas davon gefällt, kannst du es übernehmen. Was dir davon aber nicht zusagt, das solltest du nicht übernehmen, nur weil es in deinem Haus herumsteht. Entweder du verkaufst es oder du verschenkst es oder du lässt einen großen Container kommen, um all diese Sachen, die du nicht brauchen kannst, zu entsorgen. Vielleicht auch alles drei, eine gemischte Strategie. Aber du behältst nichts, was nicht zu dir passt, denn du willst das Haus ja selbst einrichten. Es ist dein Haus. Sag deinem Inneren, dass es dieses Haus so gestaltet, wie es für dich richtig ist« (Hammel, 2021).

Auf der Couch mit der Herkunftsfamilie

Wie bereits angeklungen ist, entstammen viele unserer Glaubenssätze/inneren Bilder aus der Herkunftsfamilie. Wir treffen hier erneut auf unsere Ahnen und Ahninnen: Es kann sinnvoll sein, mit den eigenen Eltern über bestimmte Dinge zu sprechen.

Fragen Sie Ihre Eltern (entweder »in echt« oder rein hypothetisch) einmal:
- Welche Werte/Einstellungen/inneren Bilder wolltet ihr unbedingt weitergeben?
- Woher beziehungsweise vom wem habt ihr diese Denkweisen?
- Warum und wozu war euch das wichtig?
- Wenn ihr wüsstet, dass es mir nicht immer gut (vielleicht sogar sehr oft richtig schlecht) mit diesen Denkweisen geht (ich vielleicht sogar darunter körperlich leide), und nur mal angenommen, ich käme auf die Idee, mich von einigen dieser Denkweisen verabschieden zu wollen (um ein gewolltes und kein gesolltes Leben mehr zu führen) – was würdet ihr mir sagen? Wozu würdet ihr mir dann raten? Welche Erlaubnis würdet ihr mir geben?

Falls das Gespräch mit den Eltern keine gute Idee ist oder dies nicht mehr oder nur schwer möglich ist, kann dennoch in diese Richtung reflektiert werden. Nutzen Sie dafür die Übung zu den zwölf Regeln aus der Herkunftsfamilie oder zum Credogramm (S. 43).

Ein Plausch mit den inneren Antreibern und Antreiberinnen

Vielleicht könnte es nützlich sein, mit den Antreibenden (genauso wie auch mit inneren kritischen Stimmen oder Symptomen) in den Dialog zu gehen. Folgende Vorgehensweise steht dafür zur Verfügung:

1. Machen Sie sich Ihre eigenen inneren antreibenden Stimmen und deren Aussagen bewusst!
2. Treten Sie mit diesen Anteilen in einen Dialog!
3. Fragen Sie nach deren »Botschaft« oder deren »Tipp« an Sie!
4. Beginnen Sie, die Antreiber und Antreiberinnen zu würdigen (vielleicht können Sie bspw. die Anteile als aus Ihrer Kindheit nützliche identifizieren, die auch heute noch aktive Lösungsversuche darstellen)! Versuchen Sie, deren »Sinnhaftigkeit« zu verstehen!
5. Danken Sie den Anteilen und geben Sie ihnen einen neuen Job!
Welchen Auftrag soll der innere antreibende Anteil von Ihnen bekommen? Bieten Sie ihm eine Beförderung in Ihrem Inneren Team an! Sie kreieren die »Stellenbeschreibung«, damit dieser Anteil für Sie noch nützlicher werden kann.

Die Elefantenmethode

Sie erinnern sich an die Erzählung »Der angekettete Elefant« (»Die Auswirkungen der inneren Bilder«, S. 13 ff.)? Sie eignet sich hervorragend, um hinderliche Glaubenssätze zu identifizieren und in ersten Schritten zu überprüfen. Vielleicht nutzen Sie im Anschluss folgende Reflexion:

Nehmen Sie sich zwei Papierblätter und etwas Zeit. Malen Sie auf ein Blatt ein Bild von sich in diesem Kreis. Schreiben Sie auf das zweite Blatt die Antworten auf die Fragen:
- Wie oft verhalten Sie sich so wie der Elefant?
- In welchen Situationen?
- Wie ist es, wenn Sie sich von Ihrem Pflock befreien?

Sprachliche Quickies und Shorties

Im Rahmen des Bewertungssystems habe ich verdeutlicht, dass unsere inneren Bilder und Glaubenssätze durch Bewertungsprozesse entstehen, die unter anderem auch in Sprache münden. So, wie wir sprechen, so denken wir. So, wie wir denken, fühlen wir. Wir hypnotisieren und programmieren uns selbst: Durch Worte wie »immer«, »nur«, »nie«, »aber« und Co. schaffen wir unsere eigene Wirklichkeit.

Manfred Prior hat in seinem Buch über die »MiniMax-Interventionen« (2015) einige Wirkungen dieser begrenzenden beziehungsweise entfaltenden Denk- und Sprechspiele offengelegt.

Mal angenommen, Sie würden vermehrt folgende Formulierungen wählen, welche Auswirkungen hätte dies?
- »In der Vergangenheit …« oder »bisher« statt »immer«
- Nicht »ob …«, sondern »wie …«, »was …« und »welche …«
- Nicht »Ich möchte nicht mehr …«, sondern »Ich möchte …«
- Statt eines ängstlichen »Hoffentlich nichts Schlimmes …« besser ein zuversichtliches »Hoffentlich Gutes …«
- »… noch nicht …« … oder »bisher …« statt »Ich kann nicht …«
- »Mit dem bewussten Verstand konnte ich bisher nicht …« statt »Ich kann nicht …«
- Konstruktive W-Fragen (Wer sagt das? Wie ist das entstanden? Was genau?) statt ein analysierendes und erklärungsforderndes »Warum?«
- Statt eines »ja, aber …« (was so viel heißt wie »zweimal Nein«) ein freundliches »und …«

Gespräche mit Sokrates, Perls, Satir und Katie

Fangen wir mit Sokrates an: Eine wesentliche Methode, die er entwickelte, war ein struktureller Dialog, den er die »Maieutik« (»Hebammenkunst«) nannte. Was meinte er damit? Man verhilft einem Menschen zu einer Erkenntnis, indem man ihn durch geeignete Fragen dazu veranlasst, den betreffenden Sachverhalt selbst zu klären. Die »Einsicht«, das »Lernen«, wird geboren. Dieser Sokratische Dialog ist gekennzeichnet von drei wesentlichen Fragen, um einen hinderlichen Glaubenssatz oder ein inneres Bild kritisch zu beleuchten:

Schreiben Sie Ihren hinderlichen Glaubenssatz auf und fragen Sie sich die drei wesentlichsten Fragen:
- Ist es logisch?
- Ist es sinn- und zweckmäßig?
- Ist es empirisch belegbar?

Lassen Sie weiterhin alle Ihre Gedanken und Erzählungen stets die »drei Siebe des Sokrates« durchlaufen:
1. Wahrheit
   Hast du alles, was du erzählen/denken willst, darauf geprüft, ob es wahr ist?
2. Güte
   Ist das, was du erzählen/denken willst, gut?
3. Notwendigkeit
   Ist es notwendig, dass du das erzählst/denkst?

Wenn es weder »wahr« noch »gut« noch »notwendig« ist, so lass es begraben sein und belaste dich und andere nicht damit.

Im Konzept »The Work« von Byron Katie (2002) würden Sie Ihre hinderlichen Glaubenssätze mit folgenden vier Fragen reflektieren (die erste kennen Sie ja bereits):

- Ist das wahr?
- Können Sie mit absoluter Sicherheit wissen, dass das wahr ist?
- Wie reagieren Sie beziehungsweise was passiert, wenn Sie diesen Gedanken glauben?
- Wer wären Sie ohne den Gedanken?

Richard Bandler und John Grinder, zwei der Entwickler des Neuro-Linguistischen Programmierens, beobachteten den Mitbegründer der Gestalttherapie Friedrich Salomon »Fritz« Perls und die Familientherapeutin Virginia Satir bei deren Arbeit und erstellten anhand deren methodischen Vorgehens das so genannte »Meta-Modell« (vgl. Bandler u. Grinder, 1981). Aus diesem Modell möchte ich Ihnen ein paar Fragen schenken:

Facette 4: Disputation, Transformation oder Defusion

Schreiben Sie Ihren hinderlichen Glaubenssatz auf und fragen Sie sich:
- Wer macht diese Bewertung? Wer sagt das?
- Auf welcher Basis wird diese Bewertung getroffen?
- Was führt Sie dazu anzunehmen, dass …?
- Wie genau verursacht Dieses Jenes (bei »Wenn-Dann-Mustern«)?
- Was müsste passieren, damit Dieses nicht durch Jenes verursacht wird?
- Was würde passieren, wenn Sie Dieses oder Jenes täten/nicht täten?
- Was hält Sie davon ab?
- Bei »ich kann nicht« – meinen Sie, »ich will nicht«?
- Wie genau bringen Sie sich selbst dazu, sich in Bezug auf das, was Sie gesehen oder gehört haben, so zu fühlen oder zu reagieren?
- Woher genau wissen Sie das?

Noch detaillierter können Sie über diese Fragen zur Reflexion Ihrer Glaubenssätze gelangen:

Realitätstestung
- Ist es wirklich so? Welche anderen Möglichkeiten gibt es?

Nutzen prüfen
- Hilft der Gedanke Ihnen, wenn Sie sich so fühlen?

Distanzierung und Rollentausch
- Was würden Sie einem Freund oder einer Freundin zur Unterstützung sagen, der oder die sich in einer ähnlichen Situation befindet?
- Welche Personen kennen Sie, die in einer ähnlichen Situation leichter damit klar kommen?

Relativierung
- Wie werden Sie in einem Monat/in einem Jahr/nach zehn Jahren darüber denken?

Entkatastrophisieren
- Was würde schlimmstenfalls passieren?
- Was wäre schlimmer als diese Situation/dieser Glaubenssatz?

Fokussieren auf Ressourcen, Kompetenzen und Ausnahmen
- Wie haben Sie schon einmal eine ähnliche Situation gemeistert (oder wie haben Sie schon einmal etwas anderes geglaubt)?
- Was hat Ihnen geholfen?

Sinnorientierung
- Was können Sie in dieser Situation/aus diesem Glaubenssatz lernen?
- Welchen Sinn finden Sie in dieser Situation/in diesem Glaubenssatz?

Umdeutung/Reframing
- Bezogen auf den Inhalt: Was könnte das Problem X noch bedeuten? Was ist der positive Aspekt von X?
- Bezogen auf den Kontext: Wann wäre das Problem X kein Problem, sondern eine Ressource?

Die Verflüssigung der Irrationalität

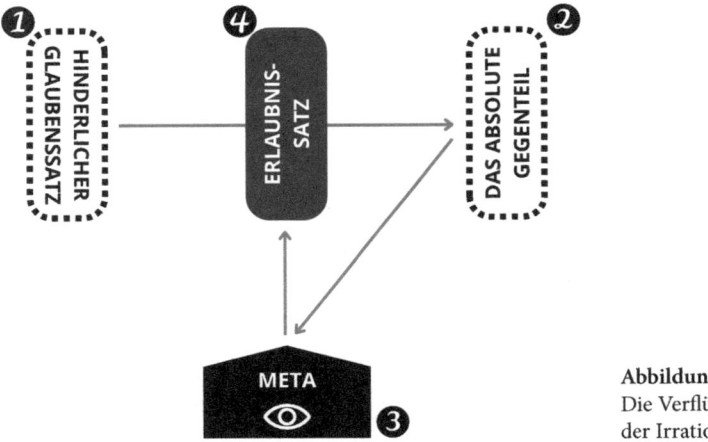

Abbildung 8:
Die Verflüssigung der Irrationalität

Dieses Modell kennen Sie vielleicht aus meinem ersten Buch »Veränderung muss S.E.X.Y. sein!«, in welchem ich Sie zur Arbeit mit Bodenankern eingeladen hatte. Sehen wir uns das einmal praktisch an:

Facette 4: Disputation, Transformation oder Defusion

1. Schreiben Sie Ihren zu bearbeitenden Stressverstärker beziehungsweise irrationalen Gedanken/Glaubenssatz (z. B. »Alle müssen mich lieben!«) auf ein Blatt Papier (A4) und stellen Sie sich darauf! Fühlen Sie sich ein! Lassen Sie einige Begebenheiten durch Ihren Kopf gehen, bei denen dieser Glaubenssatz für Sie prägnant war! Stellen Sie sich anschließend folgende Fragen:

Polarität 1:
- Wie fühlen Sie sich im Unterschied zu vorher?
- Was sagt Ihr Körper (Kopf, Herz/Bauch, Hand)?
- Was ist der Vorteil beziehungsweise der Gewinn dieses Gedankens für Sie?
- Was ist der Nachteil dieses Gedankens für Sie?
- Was empfinden Menschen aus Ihrem Umfeld darüber, dass Sie so denken?
- Wer in Ihrem Umfeld profitiert davon, dass Sie so denken?

2. Nachdem Sie diese erste Polarität durchdacht haben, widmen Sie sich bitte folgender Frage:

Polarität 2:
- Was ist das »absolute Gegenteil« dieses Gedankens?
- Wie würde dieser Satz lauten?

Schreiben Sie diesen Satz (z. B. »Alle müssen mich hassen!« oder »Niemand muss mich lieben!«) ebenfalls auf ein Blatt Papier, legen Sie dieses in einem größeren Abstand (drei bis vier Meter) dem ersten Blatt gegenüber und stellen Sie sich darauf!

Beantworten Sie sich nun die gleichen Fragen wie in der ersten Position!

Anmerkung: Ziel sollte es sein, dass es einen Unterschied zur ersten Position gibt, der etwas Leichtigkeit und Entspannung mit sich bringt. Falls dies nicht so ist, geben Sie diesem absoluten Gegenteil einen Anstrich von Freiheit und fühlen Sie den Unterschied dabei!

3. Nachdem beide Polaritäten von Ihnen durchdacht und reflektiert wurden, gehen Sie bitte auf eine 3. Position (s. Abbildung 8), welche als Metaebene bezeichnet wird, und stellen Sie sich folgende Fragen:

> **Perspektive 3:**
> - Was geht mir durch den Kopf?
> - Was ist mein Gefühl, nachdem ich beide Positionen durchdacht habe?
> - Wie sehe ich das jetzt?
> - Inwieweit sind diese beide Positionen realistisch beziehungsweise irrational?
> - Was wäre denn ein gutes und realistisches »Zwischending«?
>
> 4. Aus der Metaposition heraus gehen Sie bitte noch einmal auf eines der beiden DIN-A4-Blätter, »Glaubenssätze« oder »absolutes Gegenteil«, fühlen Sie sich ein und gehen dann Schritt für Schritt ganz langsam in die Richtung des anderen Blattes! Suchen Sie einen Punkt auf der Strecke, der sich für Sie realistisch und gut anfühlt! Überlegen Sie sich für diese Position einen neuen Satz (z. B. »Ich erlaube mir, ›Nein‹ zu sagen!«, »Ich will es nicht allen recht machen!«, »Ich kann auch auf mich und meine Bedürfnisse achten!«), vielleicht auch einen Satz, der eine Erlaubnisbotschaft enthält (»Ich darf ...«/»Ich kann ...«/»Ich erlaube mir ...«; an dieser Stelle können Sie auch Pippi Langstrumpf aus dem nächsten Kapitel ins Spiel bringen)!
>
> Schreiben Sie sich diesen Satz auf ein Blatt Papier! Wenn Sie mögen, können Sie sich nun noch einmal daraufstellen und Gedanken entwickeln, wie Sie zukünftige Ereignisse mit diesem neuen Erlaubnissatz im Gepäck meistern werden. Vielleicht nutzen Sie auch auf dieser Meta-Position den Ansatz der Defusion (s. Abschnitt »Mit ACT aktiv Verknotungen lösen«, S. 74 ff.). In diesem Sinne könnten Sie realisieren, dass der hinderliche Satz nur ein Satz ist. Dem kann man einen Namen geben: »Danke, Bernd, für den Hinweis. Aber: Nein! Ich lebe mein Leben so, wie ich will.«

Tassen-Aufstellung

Das Management von Veränderung mit Hirn, Herz und Hand sollte generell an folgenden vier (s.e.x.y.) Prinzipien (vgl. Küchler, 2016) orientiert sein:

> Die vier Fokussierungen im Veränderungsprozess
> 1. Akzeptanz und Selbstverantwortung herstellen
> 2. Attraktive und sinnvolle Ziele (er)finden
> 3. Ambivalenzen zum Schwingen bringen und Hindernisse managen
> 4. Ressourcen vitalisieren, Zuversicht stärken und Optionen eröffnen

Akzeptanz und Lösungstrance (S wie »Selbstverantwortung«) herstellen meint: Wenn wir uns verändern wollen, sollten wir zunächst eine selbstverantwortliche Haltung einnehmen. Dazu gehört die Akzeptanz von dem, was war und ist und ein Gefühl, es »selbst in die Hand nehmen zu wollen« statt ein »Opfer des Problems« zu sein. Der Veränderungswunsch sollte für uns intrinsisch motiviert (selbstmotiviert), wichtig und dringlich sein. Gleichfalls braucht es einen guten Blick auf den eigenen Einflussbereich. Auf dieser Grundlage können wir lösungsorientiert in Richtung des Veränderungswunsches schauen.

Sie haben es schon kennengelernt: Attraktive und sinnvolle Ziele (E wie »Ergebnis«) (er)finden meint, dass das Ergebnis der gewünschten Veränderung (die Lösung) für uns anziehend sein muss. Ziele sollen sinnspezifisch auf der Haltungs- und Handlungsebene beschrieben werden. Wir sollten Lust haben, das Ziel zu erreichen. Es sollte für uns ansprechend sein und eine anziehende Wirkung haben. Gleichfalls ist es in Veränderungsprozessen von großer Bedeutung, wie wir diese Veränderung im Sinne eines Ziels oder einer Lösung beschreiben. Wie können wir anfangen zu bemerken, dass die Veränderung passiert ist? Kurzum: Wie können wir die Veränderung sinnlich wahrnehmen und beschreiben?

Ambivalenzen zum Schwingen bringen und Hindernisse (X wie »X-Faktoren«) managen meint: Veränderungen haben oft unbekannte Variablen und auf unserem Weg gibt es Stolpersteine, Schranken oder sogar mögliche Worst-Case-Szenarien. Es ist daher nützlich, die Ambivalenzen von Veränderungsprozessen abzuwägen und zu reflektieren (damit zusammenhängend auch Entscheidungen zu treffen) sowie Ideen für den Umgang mit Hindernissen zu kreieren.

Ressourcen vitalisieren und Optionen (Y wie »Yes!«) eröffnen meint: Damit ein Yes! im Sinne eines Ausrufs der Freude entstehen kann, braucht es Vertrauen in Erfolg, die Hoffnung auf Machbarkeit und den Zugriff auf unsere Ressourcen, Fähigkeiten und Möglichkeiten, um das Veränderungsziel erreichen zu können. Das auf den oben genannten Prinzipien beruhende Veränderungsquadrat nimmt diese Fokussierungen in den Blick. Veränderungsthemen können mit diesem Modell reflektiert und Stellschrauben für die Veränderung sichtbar werden.

Abbildung 9: Das Veränderungsquadrat

Vielleicht wollen Sie dieses Modell gleich einmal in Anwendung bringen? Dann gehen Sie doch schnell mal in die Küche und holen sich fünf Tassen aus dem Schrank. Die Tassen sollen für folgende Elemente stehen und müssen einen Henkel (als Blickrichtung) haben:
1. Fokus (das sind Sie mit Ihrem Blick auf das Thema);
2. Ziel (das steht für Ihren Entwicklungswunsch: ein hoffentlich attraktives und sinnvolles Ziel, das Sie erreichen möchten)
Anmerkung: In unserem thematischen Kontext wird dieses Ziel sicher in die Richtung »Gesundheit, Zufriedenheit, Entspannung« gehen;
3. Ressourcen (steht für Ihre inneren und äußeren Ressourcen, die Sie unterstützen, das Ziel zu erreichen)
Anmerkung: Bei unserem Thema können hier die Gegenspieler und Gegenspielerinnen zum hinderlichen Glaubenssatz damit in Verbindung gebracht werden;
4. Hindernisse (steht für die Hürden auf dem Weg zum Ziel)
Anmerkung: Bei unserem Thema steht dieses Element für Ihren hinderlichen Glaubenssatz/Ihre Stressantreiber;
5. Selbstverantwortung (Ihre innere Bereitschaft und Motivation hinsichtlich des Ziels; die Lust, Dinge in die eigene Hand zu nehmen, jenseits von »Problem-Talk« und »Jammertal«).

Beginnen wir nun, die Tassen aufzustellen. Folgen Sie der Anleitung step by step:

1) Systemvisualisierung
Vielleicht kennen Sie ja schon die Systembrett-Methode, bei der häufig mit Figuren-Aufstellungen gearbeitet wird. Wenn nicht, ist das auch nicht schlimm. Es erklärt sich von selbst. Zunächst erfolgt eine Strukturaufstellung mit den Tassen. Dafür bitte ich Sie, dass Sie Ihren aktuellen Ist-Stand mit den Tassen (auf einem Tisch oder auf dem Fußboden) nachbilden. Bestenfalls beginnen Sie mit Ihrem Fokus. An ihm richten Sie die weiteren Elemente aus. Schauen Sie von oben auf Ihre Tassen: Wo stehen Ihr Fokus, Ihre Ressourcen, Gegenspieler und Gegenspielerinnen, Ihr Hindernis/hinderlicher Glaubenssatz, Ihr Ziel und Ihre Selbstverantwortung? Durch Abstand, Winkel (und Größe) wird die Struktur visualisiert. Welche Elemente sind sich nah, welche fern? Was ist die Blickrichtung der einzelnen Elemente? Lassen Sie sich Zeit.

Facette 4: Disputation, Transformation oder Defusion

2) Perspektivwechsel

Jetzt können Sie sich die Tassen-Formation in Ruhe aus verschiedenen Positionen anschauen. Einerseits können Sie sich in einzelne Tassen »einfühlen« und wahrnehmen, wie die Struktur um Sie herum wirkt oder welche Veränderungsimpulse Sie in dieser Position haben. Andererseits können Sie das System aus der Vogelperspektive betrachten und strukturelle Beobachtungen tätigen, zum Beispiel: Haben sich Fokus und Ziel im Blick? Wie sind die Abstände? Wo stehen die Hindernisse (der hinderliche Glaubenssatz), wo die Ressourcen (die Gegenspieler und Gegenspielerinnen)? Welche Position hat die Selbstverantwortung? Welche Veränderungsimpulse haben Sie als Beobachterin oder Beobachter von außen?

3) Idealbildimagination

Jetzt überlegen Sie sich, wie das System idealtypisch aussehen müsste, damit das Ziel erreicht wird. Bitte nicht schon die Tassen umstellen. Stellen Sie sich dieses Bild nur im Kopf vor! Wie Sie ja bereits wissen: »Du kannst nur dich verändern, wenn du Dinge verändern magst«. Deshalb überlegen Sie sich gut: Welche Veränderung müsste der Fokus ALS ERSTES durchlaufen, damit dieses Idealbild daraus resultierend entstehen kann (denn die Elemente reagieren ja aufeinander)? Das sollte keine zu große Bewegung sein. Manchmal reicht die Veränderung des Blickwinkels oder ein anderer kleiner Schritt.

4) Fortschrittsvisualisierung

Jetzt machen Sie den nächsten Schritt, indem Sie den Fokus haptisch verändern. Holen Sie sich Ihr Handy und machen ein Foto von der neuen Aufstellung der Tassen. Überlegen Sie auch, wie dieser Schritt »in echt« aussehen wird. Jetzt können Sie auch gern spielerisch die Folgeschritte der anderen Elemente aufstellen. Schritt für Schritt, bis hin zu Ihrem Idealbild. Davon können Sie ebenso ein Foto als Anker und Erinnerungshilfe machen. Der erste kleine Schritt einer Umstellung kann mit einem Erlaubnissatz oder einem neuen Mottoziel (s. dazu auch Facette 5, S. 78 ff.) gekoppelt werden. Vielleicht überlegen Sie einmal: Wenn Sie diesen ersten kleinen Schritt machen, was müssten Sie sich dabei »erlauben«? Welcher Satz bildet sich in Ihrem Kopf hinsichtlich »Ich darf ...« oder »Ich erlaube mir ...«? Welches neue Motto wurde durch die Reflexion für Ihr weiteres Leben aktiviert? Was könnte ein neues Motto in Ihrem Leben sein?

Die Glaubenspolaritäten

Diese Methode, welche ich für unsere Zwecke etwas modifiziert habe, entstammt der Glaubenspolaritätsaufstellung (GPA[12]) von Matthias Varga von Kibéd und Insa Sparrer (vgl. Sparrer, 2004). Für die Reflexion mit den Glaubenspolaritäten wird ein Dreieck auf dem Boden aufgespannt (s. Abbildung 10). Die drei Pole sind »Erkenntnis«, »Liebe« und »Ordnung«. Das Ziel besteht darin, aus der Perspektive dieser drei Kraftquellen auf seine alten und neuen inneren Bilder zu schauen.

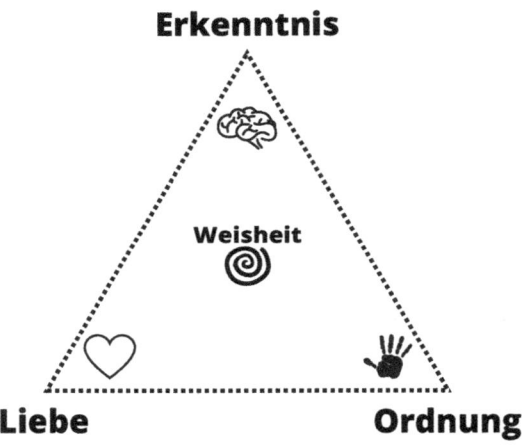

Abbildung 10: Glaubenspolaritäten

Wenn Sie dieses Dreieck mit zusätzlichen Bodenankern (DIN-A4-Blätter, auf die jeweils die Wörter »Erkenntnis«, »Liebe« und »Ordnung« geschrieben werden) versehen und Sie sich ein Blatt Papier und einen Stift genommen haben, folgen Sie dem Prozess:

---

12 Weitere Informationen zur Glaubenspolaritätsaufstellung gibt es unter https://syst.info/de/grundformen-der-systr (Zugriff am 03.03.2023).

1. Notieren Sie Ihren bisherigen hinderlichen *Glaubenssatz* (Hirnstuss) auf Papier. Gehen Sie dann in die verschiedenen Positionen, indem Sie sich auf den jeweiligen Bodenanker stellen und sich einfühlen (nehmen Sie die Unterschiede in Kopf, Herz und Hand wahr).
2. Position *Erkenntnis*
   Wie verändert sich der Glaubenssatz?
   (neuen Satz aufschreiben)
3. Position *Liebe*
   Wie verändert sich der Glaubenssatz?
   (neuen Satz aufschreiben)
4. Position *Ordnung*
   Wie verändert sich der Glaubenssatz?
   (neuen Satz aufschreiben)
5. Position *Weisheit* (eine integrative, wohlwollende Position außerhalb des Dreiecks)
   Wie verändert sich der Glaubenssatz?
   (neuen Satz aufschreiben)

▶ Leiten Sie (bestenfalls) einen *Hirnkuss* daraus ab
(»Ich erlaube mir ...« oder »Ich darf ...«, »Ich bin ...«)!

Clean Space

Um Defusion zu erzielen, sich also von seinen negativen Glaubenssätzen und Gedanken zu lösen oder um neue förderliche Hirnküsse zu (er)finden, eignet sich ebenso die Methode von David Grove. Er war ein außerordentlich einfallsreicher Psychologe und Coach, der zahlreiche Prozesse entwickelte, um Menschen zu helfen, sich selbst zu erkennen und gesünder zu werden. Ich möchte eine leicht abgeänderte Kurzform seiner vielfältigen Methodenoptionen anbieten:

1. Nehmen Sie sich vier Papierblätter.
2. Nehmen Sie davon nun ein Blatt. Schreiben Sie Ihren hinderlichen und stresserzeugenden Gedanken beziehungsweise Glaubenssatz darauf (oder malen Sie ein Bild davon).

3. Legen Sie das Blatt nun im Raum an irgendeinen Ort (dieser Ort wird im späteren Prozess als »Das« bezeichnet).
4. Stellen Sie sich an einen anderen Ort im Raum, wo Sie sich im Bezug auf das Blatt mit dem hinderlichen Glaubenssatz befinden. Fragen Sie sich: Was weiß ich hier über »Das«? Schreiben Sie die Antwort auf das zweite Blatt Papier und legen Sie dies auf den Platz, wo Sie gerade stehen (diesen Ort nennen wir im weiteren Prozess »Ort 1«).
5. Gehen Sie an einen weiteren Ort im Raum, bleiben Sie stehen, schauen Sie auf »Das« und fragen Sie sich: Was wissen Sie hier über »Das«? Schreiben Sie die Antwort auf das dritte Blatt Papier und legen Sie dies auf den Platz, wo Sie aktuell stehen (diesen Ort nennen wir im weiteren Prozess »Ort 2«).
6. Gehen Sie an einen weiteren Ort im Raum, bleiben Sie stehen und schauen Sie auf »Das«. Fragen Sie sich: Was wissen Sie hier über »Das«? Schreiben Sie die Antwort auf das vierte Blatt Papier und legen dies auf den Platz, wo Sie aktuell stehen (diesen Ort nennen wir im weiteren Prozess »Ort 3«). Frage Sie sich nun auf diesem Platz ebenso: Was weiß ich nun über »Ort 1« und anschließend auch über »Ort 2«?
7. Gehen Sie zurück auf »Ort 1« und fragen Sie sich: Was weiß ich jetzt über »Das«? Welchen Unterschied macht es jetzt?
(vgl. Lawley u. Way, 2022)

Mit ACT aktiv Verknotungen lösen

Ich erinnere noch einmal: Die Akzeptanz- und Commitmenttherapie (ACT) unterscheidet zwei verschiedene Haltungen, welche wir hinsichtlich unserer Gedanken beziehungsweise innerer Bilder einnehmen können: Fusion und Defusion. Im Zustand der Fusion sind wir mit schwierigen Gedanken und Gefühlen wie »festgebunden« und unfrei. Diese Fusion besteht zum Beispiel hinsichtlich der Vergangenheit oder Zukunft, des eigenen Selbstbildes, Regularien, Begründungen, Beurteilungen oder Bewertungen. Durch Defusion lösen wir uns aus dem Knoten und werden frei das zu tun, was uns wirklich wichtig ist. Bei der ACT geht es weniger um die Veränderung von Gedanken, sondern eher um Akzeptanz und Defusion. Akzeptanz bezieht sich auf die Fähigkeit, sich den eigenen inneren Reaktionen (Gefühlen, Gedanken, Impulsen, körperlichen Reaktionen) gegenüber zu öffnen und sie so anzunehmen, wie sie sind, anstatt sie vermeiden, loswerden oder verändern zu wollen. Zentrale ACT-Botschaften zu *Akzeptanz und Bereitschaft* lauten:

»– Bereitschaft und Akzeptanz sind eine Alternative zu dem Versuch, Gefühle zu kontrollieren und zu bekämpfen.
– Frage dich, was du akzeptieren musst, damit das, worauf du Wert legst, in deinem Leben mehr zu Geltung kommt.
– Konzentriere dich auf das, was du steuern und verändern kannst (dein Verhalten) und akzeptiere den Rest.
– Bereit zu sein, bedeutet nicht, etwas zu wollen; es ist nicht nötig, etwas zu wollen, um bereit zu sein, es zu haben.
– Bereitschaft ist eine Handlung, kein Gedanke oder Gefühl« (Strosahl, Hayes, Wilson u. Gifford, 2004, S. 38; zit. nach Wengenroth, 2017, S. 19).

Ein wesentlicher Aspekt hierbei ist die Überwindung der eigenen Kontrollagenda. Zentrale ACT-Botschaften zur *Vermeidung und Kontrolle* lauten:

»– Kontrolle ist das Problem, nicht die Lösung.
– Für mentale Ereignisse gilt: Je weniger du sie willst, umso mehr bekommst du sie.
– Was hast du alles versucht? Wie hat es funktioniert? Was hat es dich gekostet?
– Versuche deine Gefühle unter Kontrolle zu bekommen und du verlierst die Kontrolle über dein Leben« (S. 18).

Die zentralen Botschaften aus der ACT-Perspektive zum Thema *Defusion* lauten:

»– Dein Verstand ist nicht dein Freund und auch nicht dein Feind.
– Wo liegt deine Verantwortung für dein Leben – bei deinem Verstand oder bei dir?
– Gedanken und Gefühle sind keine Ursache für Verhalten.
– Das Gefährlichste an deiner Vergangenheit ist, dass dein Verstand sie zu deiner Zukunft macht.
– Wem willst du vertrauen – deinem Verstand oder deiner Erfahrung?
– Was ist wichtiger – Recht haben oder das Richtige zu tun?« (S. 85).

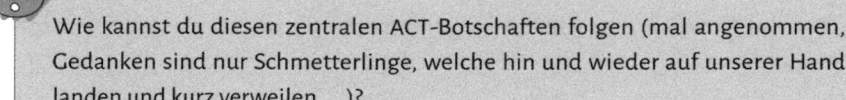

Wie kannst du diesen zentralen ACT-Botschaften folgen (mal angenommen, Gedanken sind nur Schmetterlinge, welche hin und wieder auf unserer Hand landen und kurz verweilen …)?

Ein wesentliches Ziel des ACT-Ansatzes ist also die Herstellung einer psychischen Flexibilität:

»Psychische Flexibilität beinhaltet die Fähigkeit, offen zu fühlen und zu denken, uns bereitwillig auf die Erfahrungen des gegenwärtigen Augenblicks einzulassen, unserem Leben eine Richtung zu geben, die uns wichtig ist, und Verhaltensweisen zu verinnerlichen und zur Gewohnheit zu machen, die uns gestatten, unser Leben in Einklang mit unseren ureigenen Werten und Zielen zu gestalten. Es geht darum zu lernen, sich nicht von schmerzlichen inneren Erlebnissen abzuwenden, sondern sich dem eigenen Leid zuzuwenden, um dadurch mehr Lebensbedeutung und Lebenssinn zu gewinnen« (Hayes, 2020, S. 16).

Ich möchte hier sechs ACT-Kernprozesse zur Steigerung der Flexibilität skizzieren:

»1. Betrachten wir unsere Gedanken mit genug Abstand, um entscheiden zu können, wie wir weiter vorgehen wollen, ungeachtet der Einflüsterungen unseres Verstandes.
2. Schärfen wir unseren Blick auf die konstruierte Geschichte unseres Selbst und lernen wir, uns aus anderen Perspektiven zu betrachten, um herauszufinden, wer wir sind.
3. Lassen wir sämtliche Emotionen zu, auch wenn sie schmerzhaft sind oder ein Gefühl der Verletzlichkeit hervorrufen.
4. Lenken wir unsere Aufmerksamkeit bewusst ins Hier und Jetzt, um unser Inneres und die Außenwelt wahrzunehmen, statt unbewusst im Gewohnten zu verharren.
5. Setzen wir uns selbst die Werte, an denen wir unsere Identität und Handlungen ausrichten wollten.
6. Entwickeln wir Gewohnheiten, die diese selbst gewählten Werte verwirklichen« (Hayes, 2020, S. 41).

Vielleicht lassen Sie sich von einer kleinen Übung aus dem Youtube-Video von »ACTitude«[13] inspirieren, wie Sie mit drei Schritten Ihre kognitive Defusion einleiten können:

---

13 ACTitude: »Gedanken entschärfen mit der kognitiven Defusion – ›Ich schaffe das nicht.‹« https://www.youtube.com/watch?v=kLbBnyp_mJE (Zugriff am 24.11.2022).

Erster Schritt: Gedanken wahrnehmen
(z. B.: »Ich schaffe das nicht!«)

Zweiter Schritt: Gedanken benennen
(z. B.: Ich habe den Gedanken »Ich schaffe das nicht!«. Hier erfolgt eine erste Distanzierung von »ich bin« zu »ich habe«.)

Dritter Schritt: Gedanken beobachten
(z. B.: »Ich bemerke, dass ich den Gedanken habe, dass ich das nicht schaffe.« Hier erfolgt eine noch weitere Distanzierung vom Gedanken aus der Vogelperspektive.)

In der ACT-Methodenbox befinden sich viele weitere nützliche Experimente, von welchen ich Ihnen ein paar vorschlagen möchte:

- *Laufen Sie in Ihrer Wohnung herum und sprechen Sie den Satz »Hier in diesem Raum kann ich nicht herumlaufen«.* Beobachten Sie dabei, dass zwischen Gedanken und Verhalten keine Verknotung besteht.
- *Geben Sie Ihrem Verstand (Ihren Gedanken, Glaubenssätzen und Einstellungen) einen eigenen Namen und sprechen Sie mit ihm.*
- *Zeigen Sie Ihren Gedanken behutsam die Grenzen auf.* Sagen Sie ihnen: »Danke für den Hinweis. Ich verstehe, dass du mir helfen magst. Ich komm schon allein klar.«
- *Singen Sie Ihre Gedanken und Glaubenssätze in der Melodie von »Happy Birthday« oder einem anderen Song.* Variieren Sie auch gern das Tempo oder die Lautstärke.
- *Sprechen Sie Ihre Glaubenssätze und Gedanken rückwärts.* Wenn Sie zum Beispiel denken: »Ich muss alles richtig machen!«, sagen Sie Ihrem Gedanken: »Weißt du, dass ›perfekt‹ rückwärts ›tkefrep‹ gesprochen wird?«.
- *Betrachten Sie Ihre Gedanken als Objekte.* Beschreiben Sie das Aussehen, die Form, die Gestalten, die Farben, die Oberflächen, den Geruch oder Geschmack (vgl. Hayes, 2020).
- *Behandeln Sie Ihre Gedanken und Glaubenssätze wie E-Mails, welche in Ihrem Spam-E-Mail-Konto gelandet sind.* In solchen Mails werden Menschen oft aufgefordert, etwas zu tun (z. B. Bankinformationen zusenden oder etwas bestellen). Sie können sich nun fragen: Mal angenommen, diese Gedanken sind wie Spam-Mails zu verstehen – welcher Umgang damit ist nützlich und welcher hinderlich? Welche Denk- und Verhaltensalternativen könnten stattdessen nützlich sein?
(vgl. Wengenroth, 2017)

Im ACT-Hexaflex[14]-Modell nach Hayes tauchen neben *Akzeptanz* und *Defusion* noch weitere Elemente auf, die Sie in Reflexion bringen können, nämlich:
- *Gegenwärtigkeit* (die Fähigkeit, von Augenblick zu Augenblick präsent zu sein, anstatt ständig gedanklich in der Vergangenheit oder Zukunft abzutauchen),
- *Selbst als Kontext* (die Fähigkeit, sich selbst als Kontext des eigenen Erlebens zu sehen),
- *Werte* (erwünschte, frei gewählte, verbal konstruierte Verhaltenskonsequenzen, an denen Menschen ihr Verhalten ausrichten können) und letztendlich
- *Commitment* (die innere Festlegung auf bestimmte Werte, Ziele und Handlungen; ein Commitment einzugehen bedeutet letztendlich die Entscheidung dafür, Schritte in eine bestimmte Richtung zu gehen; vgl. Wengenroth, 2017).

Facette 5: Hirnküsse und Mottoziele (er)finden

> (Er-)Finden Sie Hirnküsse! Küssen Sie Mottoziele und Erlaubnissätze wach! Gehen Sie eine Vereinbarung mit sich selbst ein. Ihre eigenen Werte und Ziele stehen im Fokus und Sie gehen an den Start!

Bei dieser Facette geht es darum, neue und vor allem nützlichere innere Bilder entstehen zu lassen. Küssen Sie Ihr Hirn wach!

> Pointiert zusammengefasst: Hirnküsse sind Mindsets, Einstellungen, Glaubenssätze, Denkmuster, Modelle, Leitsätze, Vorannahmen, Konstruktionen, Lebensregeln, Gesetzmäßigkeiten, Mottoziele und Erlaubnissätze, die
> a) uns Orientierung und Sinn geben,
> b) Wahlmöglichkeiten erweitern, neue Verhaltensmuster eröffnen, Potenziale entfalten und
> c) das eigene und soziale Wohlbefinden steigern.

---

14 Der Begriff »Hexaflex« setzt sich zusammen aus »Hexagon« und »Flexibilitätsprozesse« und visualisiert die sechs Prozesse *Gegenwärtigkeit, Werte, Commitment, Selbst als Kontext, Defusuion* und *Akzeptanz* zur Förderung psychischer Flexibilität.

An eigenen Werten und Zielen orientieren: die Selbstverpflichtung

Erinnern Sie sich an Facette 1! Sie wurden eingeladen, Ihre Zukunft, Ihre gewünschte Identität in den Blick zu nehmen. Lassen Sie uns nun einen Schritt weitergehen.

Nachdem Sie sich Ihr gewolltes Leben in Facette 1 ausgemalt haben und in den weiteren Facetten Ihren hinderlichen Gedanken auf die Spur gekommen sind –
- was sind Ihre bisherigen Schlüsse?
- was sind Ihre Werte, die Sie verstärkt leben wollen?
- welche Bedürfnisse sollen in den Vordergrund geraten?
- welches Ziel steht an?
- was wollen Sie anders denken und fühlen?
- welche konkreten Verhaltensweisen, an Ihren eigenen Werten und Zielen ausgerichtet, wollen Sie zeigen?

Im Folgenden möchte ich noch einige Anregungen für das (Er-)Finden von Hirnküssen aufzeigen.

Die Copy-Paste-Strategie

Vielleicht haben Sie nun schon den einen oder anderen nützlichen Hirnkuss gefunden, den Sie ab jetzt als ein inneres Bild verankern wollen. Vielleicht kennen Sie aber auch Menschen, die besonders förderliche innere Bilder besitzen. Die »Copy-Paste-Strategie« ist simpel:

Gehen Sie auf »copy« und »paste«, kopieren Sie positive innere Bilder bei anderen und fügen Sie diese bei sich ein! Ja, klauen Sie! Oft übernehmen wir Verhalten, Strategien oder Denkweisen von anderen Menschen, ohne uns dessen bewusst zu sein. Machen Sie es jetzt: bewusst!

Erlaubnissätze wachküssen

Schaffen Sie sich Erlaubnissätze! Ich habe Sie bereits in den Methoden innerhalb der vorherigen Facetten dazu eingeladen. Erinnern Sie sich: Erlaubnissätze sollten – genauso wie Ziele – einen Anfang von etwas beschreiben und nicht das Ende von etwas. Sie sollten positiv formuliert, kurz und prägnant sein. Gute Erfahrungen haben wir mit Satzanfängen wie »Ich erlaube mir …« und »Ich darf …« gemacht. Erlaubnissätze sind die Königinnen und Könige der Hirnküsse. In meinen Beratungsprozessen rege ich meine Kundinnen und Kunden gern an, derartige Sätze zu bilden. Auch in eigenen Prozessen nutze ich diese. Erlaubnissätze geben Kraft, Orientierung und den Mut, etwas, was wir uns vielleicht bisher weniger oder gar nicht erlaubt haben, zuzulassen. Zur Anregung finden Sie hier ein paar Beispiele dafür. Viele stammen von meinen Kundinnen und Kunden. Vielleicht ist ja schon einer für Sie dabei?

> Welche Erlaubnissätze passen für Sie? Kreuzen Sie an.
> ☐ Ich darf Pause machen!
> ☐ Ich erlaube mir, meine Bedürfnisse (zuerst) zu sehen!
> ☐ Ich darf »Nein!« sagen!
> ☐ Ich erlaube mir, (mindestens x-mal täglich) Fehler zu machen!
> ☐ Ich darf schwach sein!
> ☐ Ich erlaube mir, auf meinen Körper zu hören!
> ☐ Ich erlaube mir die Freiheit, ins Chaos zu blicken!
> ☐ Ich erlaube mir, wichtig zu sein!
> ☐ Ich darf mich loben!
> ☐ Ich erlaube mir, stolz auf mich zu sein!
> ☐ Ich erlaube mir, um Unterstützung/Hilfe zu bitten!
> ☐ Ich erlaube mir, eine eigene Meinung zu haben!
> ☐ Ich erlaube mir, nicht alle Menschen mögen zu müssen!
> ☐ Ich darf cool bleiben! Ich erlaube mir, meine Grenzen zu achten!
> ☐ Ich darf dumm, faul und frei sein!
> ☐ _____
> ☐ _____

Verknüpfung des Erlaubnissatzes mit einem Mottoziel

Es ist sehr nützlich, Erlaubnissätze mit »Mottozielen« zu kombinieren oder ein neues Motto zu (er)finden, auch ohne eine Verbindung zu hinderlichen Glaubens- oder neuen Erlaubnissätzen.

Mottoziele sind ein relevanter Bestandteil des Zürcher Ressourcen Modells zum Selbstmanagement, entwickelt von Maja Storch und Frank Krause für die Universität Zürich (vgl. Storch, Krause u. Weber, 2022). Sie drücken ein angestrebtes inneres Erleben (Gefühle, Gedanken, Bedürfnisse) aus und weniger ein äußeres Verhalten. Sie werden in der Gegenwartsform (»Ich darf entspannt sein«) beschrieben, denn eine Formulierung im Präsens (Gegenwartsbezug) ist besser imstande, das affektive Entscheidungssystem zu aktivieren. Es soll also bewusst auf Formulierungen wie »Ich werde …«, »Ich will …«, »Ich möchte …« verzichtet werden zugunsten von »Ich bin …«, »Ich habe …«. Zudem soll die Formulierung eine starke bildhafte Sprache verwenden. Sie kann auch poetisch, träumerisch, gefühlsbetont und sogar humorvoll sein. Solche Formulierungen sprechen das Unbewusste wesentlich besser an als nüchtern-rationale Formulierungen. Was damit gemeint ist? An jedem Wort hängt ein Bild. An jedem Bild hängt ebenso ein Körpergefühl. So können Sie zum Beispiel zu Ihrem Mottoziel »Ich bin dankbar« ein Bild von einem Segelboot auf dem Meer mit Möwengeräuschen um sich herum produzieren, welches in Ihnen vielleicht ein großes Gefühl von Dankbarkeit und Demut auslöst.

> Wie beschreiben Sie Ihr Mottoziel? Welches Bild symbolisiert Ihr Mottoziel gut und löst bei Ihnen gute Gefühlsimpulse aus (benutzen Sie dafür z. B. Ihre eigene Fotosammlung oder lassen Sie sich über das Online-Tool des Zürcher Ressourcenmodells unter https://zrm.ch/zrm-online-tool-deutsch inspirieren)?
>
> Mal angenommen, ich würde Sie bei der Betrachtung Ihres Bildes beobachten –
> - welches Gefühl würde ich bei Ihnen wie beobachten können?
> - Wie sehr »strahlen« Sie beim Anblick dieses Bildes?
> - Wie positiv ist Ihr Körpergefühl?
> - Was macht dieses Bild mit Ihrer Motivation?

Die fünf Freiheiten als Bezugsrahmen

Virginia Satir bezog sich in ihrer Arbeit auf das humanistische Menschenbild. Dieses legt sein Augenmerk auf die Authentizität eines Menschen, seine bewussten Erfahrungswerte, sein Entwicklungspotenzial und sein angeborenes Streben nach Selbstverwirklichung. Satirs Ziel war es, Menschen zu helfen, Verantwortung für sich selbst zu übernehmen. In den »fünf Freiheiten« des Satir-Modells beschreibt sie diese Autonomie:

- »Die Freiheit zu sehen und zu hören, was im Moment wirklich da ist, anstatt was sein sollte, gewesen ist oder erst sein wird.
- Die Freiheit das auszusprechen, was ich wirklich fühle und denke, und nicht das, was von mir erwartet wird.
- Die Freiheit zu meinen Gefühlen zu stehen und nicht etwas anderes vorzutäuschen.
- Die Freiheit um das zu bitten, was ich brauche, anstatt immer erst auf Erlaubnis zu warten.
- Die Freiheit in eigener Verantwortung Risiken einzugehen, anstatt immer nur auf Nummer sicher zu gehen und nichts Neues zu wagen«
(Satir, Banmen u. Gerber, 2007, S. 80).

Welche Freiheiten sollten *Sie* mehr in den Blick nehmen?

Fünf Lösungsoptionen für Lösungsblockaden

Michael Bohne (2010) liefert für die Top Five der Lösungsblockaden gleichsam auch fünf Lösungsoptionen:

1. Achtsamkeit, Selbstliebe, Selbstvertrauen und Selbstbehauptung steigern die Selbstwirksamkeit und sind gute Strategien gegen Selbstvorwürfe.
2. Sich selbst verantwortlich fühlen und die Dinge selbst in die Hand zu nehmen ist hilfreich bei der Neigung zu Fremdvorwürfen.
3. Nehmen Sie die »Fernbedienung Ihres Lebens« wieder in Ihre Hand.

4. Atmen Sie tief durch und gehen Sie ins »Hier und Jetzt« und in den Kontakt mit sich Selbst. Sie sind eine erwachsene Person, Ihr »Schrumpfen« kann unterbunden werden.
5. Wertschätzen und würdigen Sie die Lebensweisen anderer Menschen und richten Sie Ihre Zukunft an Ihren eigenen Werten und Zielvorstellungen aus. So entkommen Sie dysfunktionalen Loyalitäten.

Von welchen Lösungsoptionen bräuchten Sie noch mehr?

Die Balance der Kernbedürfnisse als Referenzrahmen

Gabriela von Witzleben beschreibt in »Das triadische Prinzip. Minimalinvasive Psychologie mit Bauch, Herz und Kopf« (2019) die drei wesentlichen Kernbedürfnisse, welche hinter den Elementen Bauch, Herz und Kopf stehen, nämlich: Sicherheit, Beziehung und Autonomie. Eine gute Balance und Kommunikation zwischen den Elementen ist für eine gute Potenzialentfaltung sehr hilfreich.

- Wie stark ist Ihr Bedürfnis nach Sicherheit (und was leidet vielleicht darunter)?
- Wie stark ist Ihr Bedürfnis nach Selbstliebe und Liebe zu anderen (und was leidet vielleicht darunter)?
- Wie stark ist Ihr Bedürfnis nach Freiheit beziehungsweise Autonomie (und was leidet vielleicht darunter)?
- Mal angenommen, es würde eine noch bessere Balance zwischen den drei wesentlichen menschlichen Kernbedürfnissen bei Ihnen vorhanden sein – welches Ziel würden Sie sich setzen?

10scales4life

Mit diesem Tool können Sie sowohl den Ist-Stand (mit dem bisherigen Hirnstuss im Gepäck) als auch den zukünftigen Zustand (mit Ihrem Hirnkuss) reflektieren. Die von mir so betitelten »10scales4life« stehen für zehn verschiedene gesundheitsfördernde Faktoren bezogen auf Psyche und Körper, zusammengetragen aus diversen theoretischen Ansätzen: dem Salutogenese-Modell nach Aaron Antonovsky (Punkte 1, 2 und 3), dem Lebensbalance-Modell von Nossrat Peseschkian (Punkte 4, 5 und 6), den sieben Säulen der Resilienz nach Ursula

Nuber (Punkte 7, 8 und 9) und dem Riemann-Thomann-Modell, entwickelt von Fritz Riemann und Christoph Thomann (Punkt 10). Reflektieren Sie jedes dieser Elemente auf der Skala von 0 bis 10, wobei 10 für das »Maximale« im Sinne von »gesund« steht. Denken Sie daran, Sie *reflektieren* damit nur, Sie *messen* nicht! Es geht auch hier nicht um *Wahrheiten*, sondern um *Nützlichkeiten*. Überlegen Sie: Welche Mottoziele oder Hirnküsse leiten Sie für sich daraus ab? Welche Selbstverpflichtung möchten Sie mit sich eingehen?

1) Verstehbarkeit
Ich verstehe mein Leben und das um mich herum. Ich habe alle Informationen, die ich brauche, und mir sind die Strukturen und Kommunikationswege bekannt. Ich weiß, was um mich herum passiert (ich kenne »meinen Laden«).

0 ——————————— 5 ——————————— 10

2) Machbarkeit
Mein Leben ist machbar. Ich habe alle Ressourcen, Fähigkeiten, Mittel und Zeit, meine Aufgaben umzusetzen (ich kann's!).

0 ——————————— 5 ——————————— 10

3) Sinnhaftigkeit/Bedeutsamkeit
Mein Leben, mein Tun ist sinnvoll und bedeutsam (bestenfalls steht mein Tun im Kontext meines Lebenssinns). Ich investiere Energie in Zukunfts- und Sinnfragen.

0 ——————————— 5 ——————————— 10

4) Körper/Gesundheit
Ich halte mich fit. Gesunde Ernährung, Bewegung, Schlaf, Pausen und Entspannung sind mir wichtig. Ich investiere Energie für dieses Thema.

0 ——————————— 5 ——————————— 10

5) Familie/Freundschaften
Meine Familie, meine Freundschaften, mein soziales Umfeld sind weitere wichtige Aspekte, in welche ich Energie investiere.

0 ——————————— 5 ——————————— 10

6) Arbeit/Leistung
Meine Energie und Zeit fließen in berufliche Erfahrungen und Aktivitäten. Arbeit/Leistung stehen in einer guten Balance zu den drei oberen Faktoren.

0 ——————————— 5 ——————————— 10

7) Akzeptanz und Selbstverantwortung
Was war, war. Was ist, ist. Ich kann *Tatsachen* gut von *Problemen* unterscheiden. Ich akzeptiere die Situation, verlasse die Opferrolle, schaue auf meine Anteile und trage die Konsequenzen meiner Entscheidungen.

0 —————————————————— 5 —————————————————— 10

8) Optimismus, Lösungsorientierung und Zukunftsplanung
Jede Krise geht nur über eine bestimmte Zeit, dann ist sie vorbei. Ich blicke optimistisch in die Zukunft, schaue nach Möglichkeiten und Handlungsoptionen und starte. Ich suche mir Ziele, bin trotzdem flexibel und frage mich: Welche erstbeste, zweitbeste und drittbeste Lösung gibt es?

0 —————————————————— 5 —————————————————— 10

9) Netzwerkorientierung
Ich nehme Hilfe an, pflege den Kontakt zu Unterstützenden, Mentorinnen und Mentoren und baue diese Beziehungen aus.

0 —————————————————— 5 —————————————————— 10

10) Freiheit-Verbundenheit-Balance (»Die Pippi-Langstrumpf-Strategie«, S. 98 ff.)
Meine »bewusste Steuerungsinstanz« sorgt für eine gute Balance zwischen meinen beiden Grundbedürfnissen: einerseits die Freiheit (Autonomie, Neugier, Abenteuer, Distanz, Orientierung am Wandel) und andererseits Verbundenheit (Loyalität, Tradition, Gemeinsames, Nähe, Orientierung an Stabilität)

0 —————————————————— 5 —————————————————— 10

Hirnkuss-Check

Bevor Sie sich mit der nächsten Facette beschäftigen, ist es ratsam, einen Hirnkuss im Gepäck zu haben, damit Sie sich auf die Reise in die Zukunft begeben können.

Überprüfen Sie Ihren Hirnkuss auf seine Praxistauglichkeit:
- Es besteht hohe Motivation, eine Selbstverpflichtung einzugehen, um den Hirnkuss/das Mottoziel in die Zukunft zu übertagen.
- Beschreibt mein Hirnkuss den Anfang (und nicht das Ende) von etwas?
- Der Hirnkuss ist in meiner eigenen Verantwortung.

- Gibt es eine klare Erlaubnis (und kein Verbot, keine Negationen) für etwas? Beginnt der Hirnkuss mit »Ich darf ...« oder »Ich erlaube mir ...« oder »Ich bin ...«?
- Ist mein Hirnkuss konkret genug? Kann ich (und mein Körper) damit etwas anfangen?
- Löst der Hirnkuss ein positives körperliches Signal (ein »Go!«) bei mir aus?
- Ist er so kurz und prägnant wie möglich?
- Ist es möglich, ihn flüssig zu sprechen und vielleicht sogar zu singen?

Facette 6: Perspektive und Verkörperung

Erarbeiten Sie eine »wundersame Perspektive« und »verkörpern« Sie Ihren Hirnkuss!

Auch zu diesem Aspekt möchte ich Ihnen einige Denkmodelle anbieten. Schauen Sie, was für Sie passt!

Die hirngeküsste Wunderfrage

Die Wunderfrage, welche auf Steve de Shazer (de Shazer u. Dolan, 2020) und Insoo Kim Berg (2003) zurückgeht, ist eine gute Strategie, sich auf die Zukunft vorzubereiten. Hier eine von mir abgewandelte Form:

Stellen Sie sich vor, dass heute Nacht, während Sie schlafen, ein Wunder geschieht! Das Wunder besteht darin, dass Sie *Ihren Hirnkuss voll integriert haben*. Sie wissen aber nicht, dass es passiert ist, weil Sie ja schlafen.
- Was werden *Sie* morgen früh bemerken, was *anders* ist und Ihnen sagt, dass ein Wunder geschehen ist?
- Was noch?
- *Wer* aus Ihrem *Umfeld* wird *noch* bemerken, dass ein Wunder geschehen ist?
- Wer noch? Was noch?
- Was wird er/sie bemerken, was an Ihnen *anders* ist?
- Was noch?
- Wenn er/sie das bemerkt, was wird er/sie *anders machen*?
- Wenn er/sie das tut, was wird dann für *Sie anders* sein?

S.M.A.R.T. war gestern – Ziele effektiver definieren

Durch die Arbeit mit der Wunderfrage angeregt, lade ich Sie ein, Ihre Ziele deutlicher zu reflektieren und zu konkretisieren. Sie haben bisher schon die ACT-Matrix kennengelernt. Darin wurden die Ebenen »hin zu« (wo will ich hin?) und »weg von« (wovon will ich weg?) unterschieden. Ebenso gab es eine Differenzierung zwischen »äußerem Verhalten« (was tue ich?) und »innerem Erleben« (was denke und fühle ich?). Im Zürcher Ressourcen Modell wird bei der Zielsetzung ein Zielquadrant genutzt, welcher entsprechend vier Kategorien beinhaltet. Dort werden Haltungsziele (entspricht dem inneren Erleben) und Handlungsziele (entspricht dem äußeren Verhalten) unterschieden, ebenso situationsspezifische (konkrete) und situationsübergreifende (allgemeine) Ziele. So könnte man sich das Ziel »Ich bin beim Sprechen im Meeting ganz entspannt und locker« sowohl auf der Haltungs- als auch auf der Handlungsebene ganz konkret vorstellen, sich aber auch dazu entscheiden, ganz allgemein »entspannt und locker zu sein« (vgl. Storch, 2013). Wenn wir die Haltungs- und Handlungsziele, ebenso die situationsspezifischen und situationsübergreifenden Aspekte miteinander verbinden[15], ergeben sich folgende vier Fragen für Ihre Zielsetzung (die Fragen 1 und 4 sollten bei Ihnen jetzt im Fokus stehen):

1. Wo will ich in meinem *inneren Erleben* hin?
   a) konkret
   b) allgemein (dies ist vergleichbar mit Mottozielen)
2. Wovon will ich in meinem *inneren Erleben* weg?
   a) konkret
   b) allgemein
3. Wo will ich in meinem *äußeren Verhalten* hin?
   a) konkret
   b) allgemein (s. Mottoziele)
4. Wovon will ich in meinem *äußeren Verhalten* weg?
   a) konkret
   b) allgemein

---

15 Ich habe dies auch in meiner Ziel-Octomatrix umgesetzt: https://www.potenzialentfaltung.org/ziel-octomatrix/ (Zugriff am 21.02.2023).

Diese Form der Zielsetzung erwies sich in meiner Beratung als hilfreich, gegensätzlich zum bekannten S.M.A.R.T.-Modell. Der Managementforscher und Begründer Peter Drucker entwickelte diese Methode in den 1950er Jahren, um konkreten Zielen »eine Form« zu geben: *s*pezifisch, *m*essbar, *a*ttraktiv, *r*ealistisch und *t*erminiert. Oben angeführtes Vorgehen hingegen kann jedoch auch bei allgemeiner definierten (Motto-)Zielen helfen, in Motivation und Umsetzung zu kommen.

Die Spieglein-Spieglein-Strategie

Eine weitere wunderschöne Möglichkeit, in die Zukunft zu gehen (und ebenso die alten Glaubenssätze zu überprüfen, s. Facette 4 und 5, S. 60 ff. und S. 78 ff.), ist die »Spieglein-Spieglein-Strategie« von Joseph O'Connor und John Seymour (2010), welche ich Ihnen nicht vorenthalten möchte:

1. Denken Sie an drei Glaubenssätze, von denen Sie sich eingeschränkt gefühlt haben! Schreiben Sie diese auf!
2. Nun schauen Sie im Geiste in einen riesigen hässlichen Spiegel! Stellen Sie sich vor, wie Ihr Leben in fünf Jahren sein wird, wenn Sie sich weiterhin so verhalten, als seien diese eingeschränkten Glaubenssätze wahr. Wie wird Ihr Leben in zehn Jahren sein?
3. Nehmen Sie sich einen Moment Zeit, um wieder zu sich zu kommen. Nehmen Sie ein paar tiefe Atemzüge und gehen Sie ein wenig umher.
4. Nun denken Sie an drei neue Glaubenssätze, die Ihnen Stärke und Selbstvertrauen geben würden (vielleicht sind das Ihre Erlaubnissätze bzw. Ihre Hirnküsse?), die auf jeden Fall Ihre Lebensqualität erhöhen würden. Halten Sie einige Sekunden inne und schreiben Sie sich diese ebenfalls auf.
5. Schauen Sie im Geiste in einen großen freundlichen Spiegel. Stellen Sie sich vor, wie Sie sich verhalten, wenn diese Glaubenssätze wahr wären. Wie wird Ihr Leben in fünf Jahren sein, wie in zehn Jahren? (vgl. O'Connor u. Seymour, 2010).

Das Somatogramm

Wenn Sie sich vorstellen wollen, wie Ihr inneres Erleben und Ihr Körper mit den neuen Hirnküssen oder Mottozielen in der Zukunft aussehen, können Sie das Somatogramm nutzen. Beim Somatogramm werden ein Körperumriss und (ggf.) die Umgebungsmerkmale (von wem oder/und was sind Sie umgeben?)

gezeichnet und die inneren Emotionen, Körperempfindungen (somatische Marker, die »Stopp«-, »Go«- oder »Grmpf«-Signale an uns schicken) und Gedanken darin symbolisch-malerisch visualisiert (vgl. Storch u. Kuhl, 2017).

Malen Sie Ihren zukünftigen Körper und zeichnen Sie Ihren inneren Zustand ein:
- Körperumriss (Gestik, Haltung, Mimik)
- Gefühle
- Körperempfindungen und Körpersignale
- Gedanken
- gegebenenfalls Umgebungsmerkmale

Der Lösungskörper

Mit »Lösungskörper« meine ich in diesem Kontext einen Akt der Verkörperung und Versinnlichung des Hirnkusses. Ich möchte Sie nun gedanklich zu einer entsprechenden Übung einladen, und vielleicht setzen Sie dies auch in einer ruhigen Minute um:

Stellen Sie sich vor, Sie haben Ihren Hirnkuss (vielleicht mit Unterstützung der »hirngeküssten Wunderfrage« in entsprechendem Abschnitt) gut in sich implementiert. Wie genau sieht dies aus hinsichtlich
- Körper: Atmung, Haltung, Körperkoordination, Geste,
- Sehen, Hören, Fühlen, Riechen, Schmecken,
- Gefühl, Emotion, Empfindungen,
- Alters-, Größen- und Raumerleben,
- gegebenenfalls Farben, Klängen, Rhythmik,
- innerer Filme, Metaphorik,
- Verhalten
  - Umgang mit sich selbst
  - Umgang mit anderen Menschen,
- Erwartungen
  - an mich
  - an andere Menschen,
- Kommunikation: Art/Inhalt,
- Denken, innerer Dialoge (wie rede ich mit mir)?

Liebesbrief an meinen Körper

Wenn wir schon bei Ihrem Körper sind, lade ich Sie gleich ein, einen Liebensbrief an ihn zu schreiben (die Übung habe ich von meiner lieben Kollegin Claudia Ratering übernommen). Bestenfalls lesen Sie sich diesen im Anschluss feierlich vor dem Spiegel vor.

Beginnen Sie mit: »Mein lieber Körper ...« und beschreiben Sie:
- Ich bin dankbar für ...
- Ich bereue ...
- Ich nehme an ...
- Ich vergebe ...
- Ich tue ab sofort ...

Facette 7: WOOPen und verankern

Suchen Sie sich Erinnerungshilfen. Verankern Sie den neuen Hirnkuss oder das Mottoziel im Alltag. Überlegen Sie sich Strategien für den Umgang mit Hindernissen.

Damit sich Ihre Hirnküsse optimal zu einem neuen potenzialentfaltenden Bild entfachen und Sie damit neue Verhaltensweisen zeigen und Erfahrungen wahrnehmen können, ist es nützlich, auf die Unterstützung von sogenannten »Ankern« beziehungsweise »Erinnerungshilfen« zurückzugreifen. Ebenso ist es hilfreich, mögliche Hürden, die bei der Umsetzung von neuen Verhaltensweisen auftauchen könnten, gut »WOOPen«[16] beziehungsweise bewältigen zu können.

---

16 »WOOP« ist ein Konzept der Psychologin Gabriele Oettingen, auch bezeichnet als »Mentales Kontrastieren mit Implementierungs-Intentionen«. Mehr dazu finden Sie in »Die Psychologie des Gelingens« (Oettingen, 2017) und unter https://woopmylife.org/ (Zugriff am 09.11.2022), Näheres auch unter dem Abschnitt »Das Wunderrad WOOPen«, S. 92 ff.

Motivations-Check

Nützlich kann es bezüglich des WOOPens und Verankerns sein, die eigene Motivation und Selbstverantwortung mit der »Motivationstrias« (vgl. Küchler, 2016; https://www.potenzialentfaltung.org/motivationsformel/; Zugriff am 21.02.2023) zu prüfen. Nehmen Sie sich Ihren Hirnkuss, schauen Sie in die Zukunft und fragen Sie sich auf einer Skala von 1 bis 10:
1. Wie wichtig (und attraktiv) ist Ihnen eine Veränderung?
2. Welche Priorität hat die Veränderung (heute versus irgendwann)?
3. Wie zuversichtlich sind Sie bezogen auf den Erfolg?

Je höher die Werte desto höher der Erfolg. Fragen Sie sich auch: Wie werden Sie anfangen zu bemerken, dass Sie auf der Skala nach oben geklettert sind? Was ist da der wahrnehmbare Unterschied? Wie haben Sie das gemacht? Wer/Was hat wie dazu beigetragen?

Anker setzen

Die Anker helfen uns, zu erinnern. Ebenso sind sie ein Beistand, wenn das »gute Gefühl« dem neuen Verhalten bisher noch hinterherhängt. Langfristig gesehen hat das Verändern irrationaler Gedanken unheimlich positive Auswirkungen; aus diesem Grund verankern beziehungsweise verpflanzen Sie den neuen Erlaubnissatz auch in Ihr Leben! Es gibt einige Möglichkeiten, dies zu tun. Nutzen Sie einen Anker aus dem Wahrnehmungs- beziehungsweise Sinnbereich, mit dem Sie die Welt am bevorzugtesten wahrnehmen. Hier einige Nachdenkangebote:

Visuelle Anker – die Augen
- Implementieren Sie (tägliche) Erinnerung in Ihrem Handykalender.
- Machen Sie Ihren Hirnkuss sichtbar, zum Beispiel auf dem PC als Bildschirmschoner, in einem Bilderrahmen, auf einem Kärtchen im Portemonnaie.
- Finden Sie ein Bild oder eine Farbe dafür.
- Fügen Sie Ihren Hirnkuss als Statusmeldung bei WhatsApp oder in Ihren Online-Netzwerken ein.
- Führen Sie ein Erfolgstagebuch. Schreiben Sie jeden Tag auf, was Ihnen gut gelungen ist.

Auditive Anker – die Ohren
- Sagen Sie Ihren Hirnkuss laut, leise oder in Gedanken (mindestens zwanzig Mal am Tag und vor dem Einschlafen).
- Sagen oder singen Sie den Hirnkuss unter der Dusche oder beim Spazierengehen vor sich hin.
- Finden Sie ein Lied oder einen Klang dafür.

Kinästhetische Anker – der Tastsinn
- Suchen Sie sich einen Stein oder einen anderen Gegenstand, den Sie als Erinnerung bei sich tragen (Beratende bezeichnen auch diese Gegenstände selbst als »Anker«).
- Suchen Sie sich Kleidung, die als Anker dient.
- Ein Schmuckstück kann eine wunderbare Erinnerungshilfe sein.
- In einer besonderen Decke lässt es sich gut einfühlen und »neu aufladen«.

Olfaktorische/Gustatorische Anker – die Nase und der Mund
- Das Lieblingsparfum kann Erinnerungen hervorrufen.
- Der Duft von Duftkerzen/Duftlampen lässt Sie ebenso an Ihre Hirnküsse erinnern.
- Zigaretten/Pfeife/Verdampfer laden zu »Ich erinnere mich«-Pausen ein.
- Ein Lieblingsessen lässt gute Vorsätze durch den Bauch gehen.
- Ein Kaugummi oder Bonbon kann im Alltag einen Erinnerungsschub freisetzen.

Dies sollen nur einige Anregungen sein, vielleicht finden Sie auch Ihre ganz spezielle eigene Art, den neuen Erlaubnissatz, Ihren Hirnkuss, zu verankern.

Das Wunderrad WOOPen

WOOPen geht ganz einfach:
- Wish/Wunsch (W): Welches Ziel möchte ich erreichen?
- Outcome/Ergebnis (O): Wie wäre es, wenn ich das Ziel erreiche?
- Obstacle/Hindernis (O): Welche Hindernisse stehen dem Ziel im Weg?
- Plan (P): Wie kann ich diese Hindernisse überwinden? (vgl. Oettingen, o. J.)

Ein Beispiel: Sie haben sich vorgestellt, wie sich Ihre Zukunft in Richtung eines würdevollen und gesunden Lebens entwickeln darf. Sie haben eine Perspektive, ein Mottoziel und einen Erlaubnissatz (z. B. »Ich darf NEIN sagen!«) in der Tasche; Wish und Outcome sind also klar. Nun kann es Situationen geben, in denen es schwierig wird, Wish und Outcome weiterhin klar zu verfolgen: Es könnte ja sein, dass Menschen etwas von Ihnen wollen, Sie vor eine Wahl stellen, Entscheidungen abverlangen, die Sie selbst so nicht getroffen hätten (das Hindernis wäre demnach klar). Jetzt braucht es einen Plan, wie Sie dieses Hindernis bewältigen. Beispielsweise: Bevor Sie »Ja« oder »Nein« sagen, machen Sie eine Pause und denken darüber nach, inwieweit Sie Ihre Bedürfnisse gerade befriedigen.

Das WOOP-Konzept findet sich in folgendem Dreischritt wieder, den ich in meiner Arbeit nutze:

1. Was ist die kühnste Hoffnung (W) und wie genau wirkt diese sich aus (O)?
2. Was sind die zentralen Hindernisse (O)?
3. Wie sieht der »Wenn-Dann-Plan«, der »Durchführungsvorsatz« (P) für dieses Hindernis aus?

Storch und Krause entwickelten im Kontext des Zürcher Ressourcen Modells (vgl. Storch, Krause u. Weber, 2022) den weiterführenden Gedanken mehrerer zu sammelnder Impulse bezogen auf das Hindernis (z. B. Pläne zur Hindernisbewältigung, die auch im Austausch mit anderen Menschen, also Familienmitgliedern, Kolleginnen und Kollegen oder Personen aus dem Freundeskreis zusammengetragen werden können): Die eigene aktuelle (problembehaftete) Situation wird in der Mitte eines Papiers notiert, darum herum ordnen Sie ausgewählte fünf Optionen (Pläne) zur Überwindung von entsprechendem Hindernis kreisförmig an. Dies stellt dann die Visualisierung Ihres persönlichen »Wunderrads« dar (s. Abbildung 11; vgl. Storch u. Kuhl, 2017).

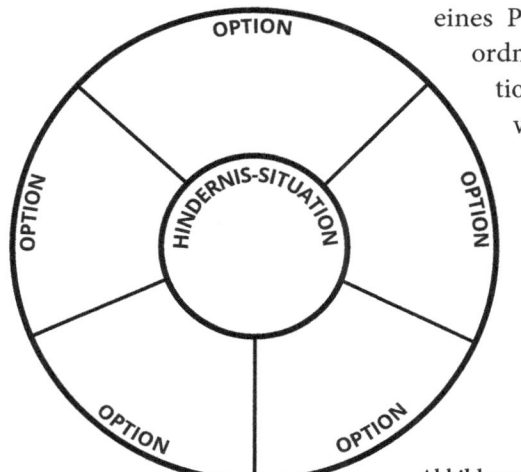

Abbildung 11: Das Wunderrad

Die Idee dahinter ist, den Verstand bewusst zu überfordern. Dabei gibt er die Kontrolle ab, so dass das Unterbewusstsein beziehungsweise die intuitive Verhaltenssteuerung angeregt werden und eine »Bauchentscheidung« getroffen wird.

Mentorinnen und Mentoren für die Zukunft

Bereits in »Veränderung muss S.E.X.Y. sein!« (vgl. Küchler, 2016) habe ich die folgende Methode vorgestellt und aufgezeigt, wie mögliche Unterstützer und Unterstützerinnen bezüglich der Veränderung von blockierenden Glaubenssätzen hilfreich sind. Diese Methode möchte ich nun leicht modifiziert nutzen, um Mentorinnen und Mentoren für die Gestaltung der Zukunft mit dem neuen Hirnkuss im Gepäck nutzbar zu machen. Kennengelernt habe ich die »Technik der Mentorenbotschaften« in ähnlicher Form bei einem Seminar von Heiko Kleve zum Thema *Systemische Strukturaufstellungen*. Erneut nutzen wir hier die Arbeit mit den Bodenankern. Beschriften Sie Blätter (s. Abbildung 12) und legen Sie diese in der beschriebenen Struktur auf den Boden. Nutzen Sie so viel Raum wie möglich, damit Sie sich gut auf alle Bodenanker stellen können.

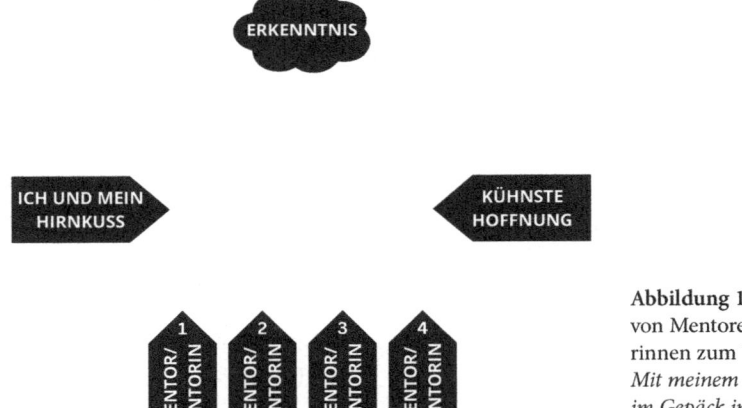

Abbildung 12: Botschaften von Mentoren und Mentorinnen zum Thema *Mit meinem Hirnkuss im Gepäck in Richtung der kühnsten Hoffnung*

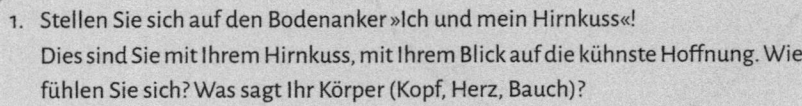

1. Stellen Sie sich auf den Bodenanker »Ich und mein Hirnkuss«! Dies sind Sie mit Ihrem Hirnkuss, mit Ihrem Blick auf die kühnste Hoffnung. Wie fühlen Sie sich? Was sagt Ihr Körper (Kopf, Herz, Bauch)?

2. Stellen Sie sich auf den Bodenanker »kühnste Hoffnung«! Überlegen Sie: Wie wird es sein, wenn Sie Ihr Ziel erreicht haben? Wie fühlt es sich an?
3. Stellen Sie sich auf den Bodenanker »Mentor/Mentorin 1«!
Fühlen Sie nach! Wer kommt Ihnen in den Sinn? Vertrauen Sie auf Ihren Bauch, nicht auf den Kopf. Irgendwer wird vor Ihrem inneren Auge auftauchen. Was würde er/sie sagen? Welche Ressourcen sieht er/sie? Welche Botschaft hat er/sie? Schreiben Sie diese auf!
Führen Sie dies ebenso mit den Mentorinnen und Mentoren 2–4 durch!
4. Stellen Sie sich auf den Bodenanker »Erkenntnis«!
Lassen Sie sich Zeit! Überlegen Sie gut: Wie fühlt sich das Ziel an?
- Welche Botschaften haben Ihnen die Mentorinnen und Mentoren mitgegeben?
- Wie fühlen sich diese Botschaften an?
- Was nehmen Sie mit auf Ihre Reise zum Ziel?
- Woran wollen Sie sich erinnern?

Schreiben Sie sich Ihre wichtigste Erkenntnis auf!

Die 3steps4solution

In Bezug auf die Überlegungen von Daniel Meier und Peter Szabó (2008), welche Gesprächsphasen ein lösungsorientiertes Prozessdesign erforderlich machen, habe ich drei wesentliche Schritte[17] für die Konstruktion von Lösungen herausgearbeitet.

Gedanke 1: LÖSUNG
Was sind Ihre kühnsten Hoffnungen? Wie sieht es aus, wenn Sie »angekommen« sind? Von welchem inneren Erleben und äußeren Verhalten wollen Sie weg? Zu welchem inneren Erleben und äußeren Verhalten wollen Sie stattdessen? Wie wichtig und wie dringlich ist es, dieses Ziel zu erreichen und wie hoch ist Ihre Zuversicht, dass Sie es erreichen?

Gedanke 2: RESSOURCEN
Was haben Sie bisher unternommen, um das Ziel zu erreichen? Was hat funktioniert, von dem Sie mehr machen können? Was hat nicht funktioniert, was Sie lassen oder anders machen können? Wann waren Sie schon mal näher am

---

17 Mehr dazu unter https://www.potenzialentfaltung.org/3steps4solution/ (Zugriff am 21.02.2023).

Ziel als jetzt und wie haben Sie das gemacht? Welche Erfahrungen, Ressourcen, Stärken, Fähigkeiten, Unterstützenden oder materiellen Dinge haben Sie, die Ihnen nützlich sein können? Welche Erfolgsstrategien würden andere Menschen Ihnen zuschreiben? Was noch?

Gedanke 3: ANFANG
Welche Hindernisse könnten auftauchen und wie werden Sie diese meistern? Welche Impulse, Ideen, Gedanken, Optionen nehmen Sie aus der Beantwortung dieser Fragen mit? Wie werden Sie anfangen zu bemerken, dass Sie in Richtung Ihrer Ziele unterwegs sind? Welche drei guten Gründe gibt es dafür, dass Sie es schaffen?

Die Reflexion mit der Fingertechnik

Nutzen Sie jeden Abend Ihre Hand zur Reflexion des Tages. Ich selbst möchte auf diese Übung nicht mehr verzichten. Gehen Sie Finger für Finger durch, berühren Sie die Finger und stellen sich die jeweilige unten abgebildete Frage (s. Abbildung 13; die Frage zum kleinen Finger ist mir persönlich am liebsten).

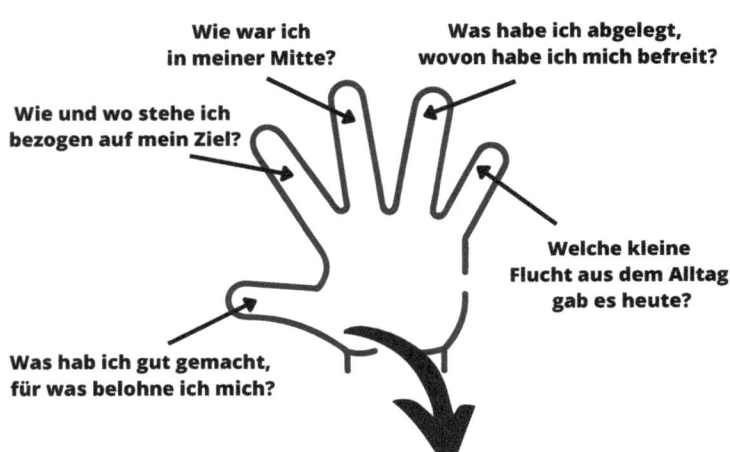

Abbildung 13: Fingertechnik

Rituale nutzen

Rituale können unser Handeln unterstützen. Damit etwas zu einem Ritual wird, muss das, was wir tun, immer gleichermaßen getan werden. Überlegen Sie sich ein Ritual, das Sie in beziehungsweise vor stressigen Situationen einsetzen können. Vieleicht könnten Sie das Ritual mit Ihrem Erlaubnissatz/Hirnkuss und dem entsprechenden Anker oder dem Lösungskörper koppeln.

Grüße an Gehirn und Körper

Stefan Hammel hat in seinem Buch »Grüßen Sie Ihre Seele! Therapeutische Interventionen in drei Sätzen« (2017) die wunderbare Möglichkeit der Ultrakurzhypnose durch Grußbotschaften beschrieben. Diese können Sie natürlich auch für sich selbst nutzen. Wen oder was Sie grüßen, ist Ihnen überlassen. Ob Seele, Gehirn oder das Unbewusste – egal. Sie können auch Körperteile oder Ihr Immunsystem grüßen. Wichtig wäre nur: Sprechen Sie es direkt an: »Liebes Immunsystem, …«, »Hallo Kopfweh, …« Sagen Sie nun beispielsweise Ihrem Gehirn einen schönen Gruß von mir, es möge alles, was ich geschrieben habe, so anpassen, dass es noch besser passt als ich es in Worte fassen kann. Hammel selbst grüßt Ihren Körper:

»Sagen Sie Ihrem Körper einen schönen Gruß, dass er Ihnen bei jedem Gedanken, jedem Wort und allem, was Sie tun, ein genaues Gefühl dafür gibt: Fühlt es sich kraftvoll, lebendig, energiereich an oder schlapp, nervig, wirr? Sagen Sie ihm, alles, was sich stärkend anfühlt, das wollen Sie fortsetzen und mehr davon tun, und alles, was sich schwächend anfühlt, das wollen Sie unterbrechen und weniger davon tun. Ihr Körper kann Ihnen dabei helfen« (Hammel, 2017, S. 101).

Dritter Kuss:
Die Pippi-Langstrumpf-Strategie

»Alles regelt sich nach dem Gesetz des Gegensatzes,
das zugleich ein Gesetz des Ausgleichs ist.«
Theodor Fontane

Pippi Langstrumpf und ihre Freundin Annika Settergren sind heutzutage aus meinen Beratungen und Seminaren nicht mehr wegzudenken. Egal, ob in einer Therapie- oder Coachingsitzung oder in einem Führungskräftetraining – Annika und Pippi sind dabei und sie bleiben im Kopf. Aber dazu gleich mehr.

Hüther spricht in »Würde: Was uns stark macht – als Einzelne und als Gesellschaft« (2018) von den beiden basalen Grunderfahrungen und -bedürfnissen der Menschen: Verbundenheit und Wachstum/Autonomie. Klaus Mücke erweitert diese Bedürfnisse um das bewusste Ich. In »Hilf Dir selbst und werde, was Du bist« schreibt er:

»Die allgemeinmenschlichen Triebkräfte bzw. Strebungen können durch eine analytische Konstruktion auf zwei wesentliche Persönlichkeitsaspekte reduziert werden: nämlich das Streben nach Autonomie und das Streben nach Loyalität. [...] Diesen beiden Aspekten übergeordnet lässt sich noch das bewusste Ich als Steuerungs- bzw. Kontrollinstanz unterscheiden« (Mücke, 2004, S. 169 ff.).

Ich möchte Autonomie, Loyalitätsbestreben und bewusstes Ich kurz dahingehend beschreiben, für welche Aspekte sie zuständig sind:
- *Bewusste Steuerungsinstanz* – die innerliche Repräsentanz aller Anteile des psychischen Systems in ihrer Gesamtheit (Gesamtpersönlichkeit), Koordination der verschiedenen Persönlichkeitsseiten, übergeordnete Präsidentinnen und Präsidenten des psychischen Systems;
- *Autonomie* – psychische Autonomie, emotionale Unabhängigkeit, Abgrenzung, Aggression, die Durchsetzung eigener vitaler Interessen und Bedürfnisse, Sexualität zur Lustgewinnung, die Zufuhr von Energie, das Streben nach etwas;
- *Loyalität* – das Streben nach sozialer Anerkennung und Verbundenheit/ Zugehörigkeit, Gewissen, Leistungsbereitschaft, Engagement für andere, den Anspruch, für andere (sexuell) attraktiv zu sein, Sexualität als Zeichen der Verbundenheit, Kontrolle, Selbstdisziplin etc. (vgl. Mücke, 2004).

Mücke geht davon aus, dass psychische Probleme oder Störungen erst dann entstehen könnten, wenn Konflikte zwischen Autonomie und Loyalität auftreten und das bewusste Ich eine Koalition mit einer Seite eingeht oder von einer Seite dominiert wird (vgl. Mücke, 2004). Andersherum könnten wir sagen, dass Gesundheit dann möglich ist, wenn sich das bewusste Ich in einer guten und moderierenden Sowohl-als-auch-Beziehung zu seinen beiden Grundbedürfnissen befindet, die Elemente Autonomie und Loyalität also in einer kooperierenden Verbindung zueinander stehen. Die bewusste Kontrollinstanz tanzt förmlich harmonisch-spielerisch mit ihrer Autonomie- und Loyalitätsseite.

Verbundenheit und Loyalität

Wenn Sie Ihr privates oder berufliches Leben stabilisieren wollen, sorgen Sie für Zugehörigkeit zu anderen Menschen, Arbeitskontexten etc. Denn diese wirkt wie ein starkes Beruhigungsmittel. Wenn Menschen ihre Zugehörigkeit in Gefahr sehen oder sie diese sogar verlieren, verschlechtert sich ihre Leistung. Je weniger Angst Menschen vor Zugehörigkeitsverlust haben, umso mehr können sie ihre Leistungen und Potenziale entfalten. In einem Test mit Affen wurde festgestellt, dass jeder Affe einen anderen braucht: Wenn ein Affe aus der gleichen Kolonie einem anderen in einem Käfig zur Seite steht, der von außen gestresst wird, ist der dem Stress ausgesetzte Affe weniger stressanfällig. Jeder Mensch braucht also seine »Affen« um sich herum, um gut wachsen zu können (vgl. Hüther, 1999).
Eng verbunden mit der Zugehörigkeit ist das Vertrauen. Das Vertrauen gegenüber anderen Menschen, in Dinge, Prozesse und uns selbst kann eine wichtige Zutat für Ihre inneren Bilder werden! Starke innere Bilder sorgen für eine bessere Potenzialentfaltung. Wenn wir Vertrauen in uns selbst haben, steigen die eigenen Fähigkeiten. Machen Sie anderen Menschen Mut, haben Sie Vertrauen.

Autonomie und Gestaltungsfreude

Ein autonomes und selbstbestimmtes Handeln ist Ausdruck unserer Gestaltungsfreude. Schon aus den frühkindlichen Erfahrungen resultierend entsteht bei Menschen das neurobiologische Grundbedürfnis nach Entfaltung und Gestaltung. Wenn wir im Tun sind, wirkt sich das auf unsere Gesundheit aus und wir messen unseren Tätigkeiten einen höheren Wert zu (s. »IKEA-Effekt«, S. 33). Unsere Erfahrungen formen neuronale Netzwerke und damit unsere inneren Bilder. Wir können über uns hinauswachsen, wenn wir positive innere Bilder erzeugen. Wichtig ist nur, dass unsere Erfahrungen freiwillig gemacht werden, ansonsten sind unser Wachstum und Lernen begrenzt. Schlimmstenfalls können neuronale Netzwerke durch Stress zerstört werden. Wenn Menschen ihrer Erfahrungen (durch »Überbehütung« oder durch »Wegnehmen«) beraubt werden, kann dies zu Abnormalitäten des linken dorsolateralen Cortex, zu affektiven Störungen, Schizophrenie und Emotionsregulationsstörungen führen (vgl. Purps-Pardigol, 2015). Zur Erzeugung positiver innerer Bilder gehört auch, dass unser Gehirn versucht, in einem kohärenten, das heißt ausgeglichenen Zustand zu sein und möglichst keine Energie zu verschwenden. Das machen wir uns bei der Veränderungsarbeit zunutze: Durch das konkrete Formulieren von kühnsten Hoffnungen, Hirnküssen oder Mottozielen »bauen« wir im Hirn ein neues attraktives inneres Bild. Wenn dies »begeisternd« für uns ist, können alle notwendigen neuronalen Netzwerke geknüpft werden, die Erfolge möglich machen. Das Gehirn wird quasi durch diese Soll-Ist-Diskrepanz dazu verführt, neuronale Netze zu bilden, die eine Zielerreichung ermöglichen. Danach ist die Diskrepanz bestenfalls verschwunden und das Hirn kann wieder chillen. Unser Hirn ist quasi neuroplastisch – es stärkt sich dort, wo wir es benutzen (das Hirnareal meiner Kinder, welches für die Steuerung der Daumen zuständig sind, ist wesentlich vernetzter als bei mir. Sie wissen warum, oder?).

Balanceakte

Für ein gesundes Leben braucht es Balance. Manchmal läuft es weniger balanciert und dann entstehen Installationsdefizite oder psychische/psychosomatische Symptome, welche ich kurz skizzieren möchte:

In der »Bedienungsanleitung für ein menschliches Gehirn« beschreibt Hüther einige Installationsdefizite und deren Korrekturmöglichkeiten, folgende führt er dabei aus:

1. »Ungleichgewicht zwischen Gefühl und Verstand«;
2. »Ungleichgewicht zwischen Abhängigkeit und Autonomie«;
3. »Ungleichgewicht zwischen Offenheit und Abgrenzung« (Hüther, 2001, S. 86 ff.).

Mücke definiert die Auswirkungen psychischer und psychosomatischer Symptome aufgrund von fehlendem Ungleichgewicht wie folgt:

»– Ein psychisches aber auch psychosomatisches Symptom verstärkt die problematischen Bedingungen, die erst zu seiner Entstehung geführt haben.

- Ein psychisches aber auch psychosomatisches Symptom verführt die damit konfrontierten Menschen (+ Angehörige) in der Regel dazu, sich unwillkürlich so zu verhalten (Umgang, Sichtweise, konkrete Handlungen), dass sie es – ohne das zu wollen – aufrechterhalten oder verstärken.
- Ein psychisches aber auch psychosomatisches Symptom weist genau auf das Gegenteil dessen hin, wozu es einen verführen möchte« (Mücke, 2004, S. 178).

Diese Dysbalance soll im Folgenden noch näher beleuchtet werden. Kennen Sie das Werte- und Entwicklungsquadrat von Schulz von Thun?

»Die Prämisse des Werte- und Entwicklungsquadrats lautet: Jeder Wert (jede Tugend, jedes Leitprinzip, jede menschliche Qualität) kann nur dann seine volle konstruktive Wirkung entfalten, wenn er sich in ausgehaltener Spannung zu einem positiven Gegenwert, einer ›Schwesterntugend‹ befindet. Ohne diese Balance verkommt ein Wert zu seiner entwerteten Übertreibung. […] Die Entwicklungsrichtung findet sich in den Diagonalen« (Schulz von Thun Institut für Kommunikation, 2022).

Ich möchte darauf aufbauend versuchen, die Installationsdefizite nach Hüther zu visualisieren (s. Abbildung 14), wobei gleichzeitig auch der letzte Aspekt der drei aufgeführten Auswirkungen von psychischen und psychosomatischen Symptomen nach Mücke erkennbar wird:

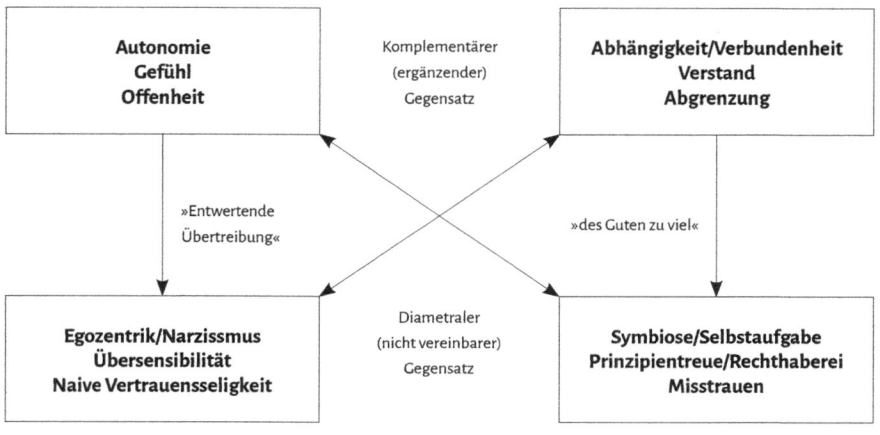

Diagonal nach unten: Vorwurfsrichtung
Diagonal nach oben: Entwicklungsrichtung

Abbildung 14: Werte- und Entwicklungsquadrat zu den Grundbedürfnissen

Im Grunde geht es also immer darum, dass wir die Pole in einer »guten Dosis« brauchen; wenn wir es übertreiben, wird es »schräg«. Sollten wir uns schon leicht in der unteren Ebene der entwertenden Übertreibung befinden, kann uns die Diagonale nach oben den Weg zeigen, den es zu nehmen gilt.

Mein Fazit ist, bei Veränderungen grundsätzlich darauf zu achten, dass Sie Erfahrungen in Gemeinschaft machen. »Um Kinder zu erziehen, braucht es ein ganzes Dorf«, beschreibt ein afrikanisches Sprichwort. Gleichzeitig denken Sie bitte an Ihre Autonomie, schauen Sie auch nach Ihren Bedürfnissen. Im Flugzeug erklären Ihnen die Stewardessen und Stewards was Sie tun sollen, wenn die Sauerstoffmasken herunterfallen. Ja, Sie setzen sich die Maske zuerst auf – selbst, wenn neben Ihnen eine hilflose Person sitzt. Sie sind der wichtigste Mensch in Ihrem Leben! Richten Sie sich nach Ihren Bedürfnisbotschaften aus, um zu einer – wie meine Tochter sagen würde – »gechillten Base« zu gelangen. Bemühen Sie sich um Balance und hören Sie auf Ihre Symptome!

Pippi und Annika (und was ist eigentlich mit Tommy?)

Sie ahnen es sicher schon, oder? Die eben beschriebenen Grundbedürfnisse Autonomie und Loyalität werden gut in diesen zwei Figuren symbolisiert: Pippi Langstrumpf und Annika. Ich weiß, ich tue den beiden etwas unrecht, wenn ich sie in Beratungen oder Seminaren überspitzt beschreibe. Aber irgendwie passt es schon.

Fangen wir mit Annika an. Annika ist die, die auf die Uhr schaut und darauf achtet, nicht zu spät zum Abendbrot zu Hause zu sein. Annika grüßt die Frau Bürgermeisterin auch immer ganz förmlich mit Knicks. Annika hält sich an Regeln, speziell ist sie ganz loyal gegenüber ihrer Herkunftsfamilie. Wenn Annika nicht lernt, mit (ihrer inneren) Pippi zu spielen – so sage ich gern –, könnte es sein, dass sie irgendwann mit depressiven Verhaltensweisen beziehungsweise mit Stress- oder Burnout-Themen bei mir zum Coaching erscheint.

Kommen wir zu Pippi-»Ich mach' mir die Welt Widdewidde wie sie mir gefällt«-Langstrumpf. Ja, sie ist anders, sie folgt ihren Bedürfnissen und sie hat einen speziellen Umgang mit Regeln und ihrer Herkunftsfamilie. Aber auch Pippi sollte lernen mit (ihrer inneren) Annika zu spielen. Die völlige Autonomie kann auch in die Einsamkeit führen. Und Pippi könnte ebenso bei mir im Coaching landen.

Tommy bekommt die Mitte ganz gut. Eigentlich müsste ich meine Methode die »Tommy-Strategie« nennen.

Gern führe ich diese Überlegungen in meinen Seminaren aus: Möglicherweise steht ein gesunder Mensch mit seiner bewussten Steuerungsinstanz in der Mitte und hat seine Annika und seine Pippi im Arm. Mit dankbarem und freudigem Blick schaut er abwechselnd auf diese beiden. Können Sie es sehen? Stellen Sie sich vor, an Ihrer einen Seite (bei mir ist es die Herzensseite) steht Pippi und an der anderen Seite Annika. Wie fühlt sich das an? Wenn Sie mit beiden gut in Kontakt sind und sich alle miteinander in Harmonie und Balance befinden (und dafür hat jeder Mensch ein eigenes inneres Bild), sind Sie möglicherweise ein gesunder Mensch mit einer »gechillten Base«.

Was würde wohl aber passieren, wenn Ihr Arm die eine Seite (z. B. Pippi) nicht mehr umschlingt und Sie sich gegebenenfalls der anderen Seite (Annika) innig zuwenden? Ja, Pippi würde sich melden (wir nennen das dann »Symptome«). Zunächst klopft Sie Ihnen sanft auf die Schulter. Wenn Sie sie nicht beachten, wird sie wohl lauter werden müssen. Genauso passiert es, wenn Sie Annika nicht mehr im Arm halten. Manchmal kann es sogar sein, dass zwischen den drei Elementen *bewusste Steuerungsinstanz* (Sie), *Pippi* und *Annika* Konflikte herrschen. Streit könnte ausbrechen, Koalitionen können geschlossen oder einzelne Elemente unterdrückt beziehungsweise sogar vernichtet werden. Dies nennen wir dann »Störungen«; »Depression« (ein sehr starker »Annika-Faktor«) ist oft die Belohnung für das Bravsein. In meine Praxis kommen viele Menschen mit einem erhöhten Annika-Faktor. Mein Job ist es ja, Menschen zu einem gewollten und würdevollen Leben einzuladen, zu ermutigen und zu inspirieren. Ich selbst habe einen etwas größeren Pippi-Faktor, meine Vermutung ist, dass dies für meine Kundinnen und Kunden nützlich sein kann.

Vielleicht biete ich Ihnen eine kurze Selbstreflexion an, um es anschaulicher zu machen: Ich selbst habe in der Vergangenheit meinen Blick zu meiner inneren Annika manchmal etwas abgewendet. Um zu einer ausgeglichenen Basis zu kommen, ist es meine Entwicklungsaufgabe, mehr Annika in mein Leben zu integrieren – und das ist gut so. Meine Annika hat zum Beispiel von mir gehört, dass ich 100 Jahre alt werden möchte, gesund natürlich. Wenn ich das möchte, meinte sie, dann könnte ich ja mal etwas gesünder leben. Sie meint damit Sport, Ernährung etc. Annika hilft mir nun (zumindest phasenweise) mit einem Schrittzählerarmband und einer Kalorien-App, mein Leben zu verändern. Pippi schmunzelt darüber hin und wieder – während sie Annika und mich dabei liebevoll anlächelt. »Was für ein Quatsch«, sagt sie manchmal mit einem Augenzwinkern und lädt mich auf die Couch, zu einem üppigen Essen, einer Zigarette, auf ein, zwei Bier oder zu gekühlten Geleebananen ein. Alles ist wunderbar. Ich mag meine beiden Mädels. Beide tun mir gut. Annika, Pippi und ich haben uns übrigens auf die Formulierung »beschleunigtes Spazieren«

geeinigt. Mit dem Begriff »Sport« konnten Pippi und ich nicht so viel anfangen. Anika war geduldig bei der Umformulierung mit uns und sie fühlt sich gut dabei gesehen, wenn ich meine 12.000 Schritte tue und meine erlaubte Kalorienzufuhr (weitgehend) einhalte. Ich habe auch ein ganz klares inneres Bild von den beiden. Ich kann sie genau beschreiben, wie sie aussehen, was und wie sie etwas sagen und was ihnen wichtig ist. Mit Ihrem Kopfkino lasse ich Sie hier allerdings allein.

Ich habe lange nach anderen Repräsentantinnen und Repräsentanten gesucht, um die Anzahl an Identifikationsfiguren für meine Kundinnen und Kunden zu erweitern. Auf meiner Facebook-Seite hatte ich sogar einen Aufruf gestartet, mir Tipps zu geben. Hier sind einige davon: Meister Eder und Pumuckl, Pettersson und Findus, Sid und Diego aus »Ice Age«, Alf und Willy Tanner, Marc-Uwe Kling und das Känguru, Frodo und Pippin aus »Herr der Ringe«, Narziß und Goldmund aus Hermann Hesses gleichnamigem Roman oder Balu und Baghira aus dem »Dschungelbuch«. Tom Sawyer und Huckleberry Finn sind gleichfalls Charaktere, in denen sich beide Grundbedürfnisse erkennen lassen. »Tom lebt in der heilen Familie und sucht die Freiheit, und Huck lebt in der autonomen Freiheit und sehnt sich insgeheim nach Bindung«, schrieb mir Heiko Kleve und empfahl mir noch, eine literaturwissenschaftliche Doktorarbeit über »Das generelle Muster menschlichen Autonomie- und Bindungsstrebens«, das sich in so vielen Zweier-Dynamiken der Weltliteratur finden lässt, zu verfassen (vielen Dank für die zahlreichen Anregungen. Die Doktorarbeit finde ich bisher nur wenig sexy).

In einem Artikel in der t3n von Alexandra Vollmer zum Thema »Unternehmensführung: Was wir von Ernie und Bert lernen können« bin ich bezüglich einer guten Alternative fündig geworden. Ja, Ernie und Bert sind cool. Olaf Kapinski, ein IT-Führungskräfte-Coach und Herausgeber des »LEBENFÜHREN«-Podcasts führt darin aus:

»›Die Orientierung an der Norm, den Fokus auf Exekution und Verwaltung – das hat Bert zu verantworten.‹ […] Ernie stünde für die Möglichkeit des Ausprobierens und die Innovation. Beides brauche man im Unternehmen. ›Doch ich sehe überall nur Bert‹, ärgert sich Kapinski. ›Mach das Gleiche wie gestern, denk nicht drüber nach. Ich kontrolliere, ob du's gemacht hast‹, das sei eine typische Bert-Ansage. […] ›Die Treiber für Bert sind Angst und Faulheit‹, beobachtet Kapinski immer wieder. ›Wenn etwas gestern gut war, dann mache ich das heute auch so. […]‹ Das hieße nicht, dass wir Bert aus unseren Unternehmen verbannen sollten. ›Für Perfektion im Prozess, für eine blitzsaubere Exekution – dafür ist Bert Eins A geeignet.‹ Um jedoch die Kreativität aller im Unternehmen zu nutzen, brauche es Ernie« (Vollmer, 2019).

Ich möchte Ihnen noch ein paar Fragen zur Reflexion mitgeben:

- Wie genau verhält es sich bei Ihnen mit dem Zusammenspiel der drei Anteile *bewusste Steuerungsinstanz*, *Verbundenheit/Loyalität* (Annika, Bert, ...) und *Autonomie* (Pippi, Ernie, ...)? Welche Dynamiken und Muster kennen Sie?
- Wie sehen Verbundenheit/Loyalität und Autonomie in Ihrem inneren Bild aus (Geschlecht, Körper, Kleidung, Stimme, Gestik, Mimik, Erscheinung, Umfeld oder Wohnung)?
- Wie könnte Ihr »innerer Tommy«, eine gute Mitte, aussehen?
- Was sind die Botschaften Ihrer Pippi und Ihrer Annika? Was finden diese gut? Was möchten diese Elemente gern anders?
- Was brauchen diese Elemente voneinander, damit mehr Harmonie und Balance entstehen kann?
- Wie können Sie, als bewusste Steuerungsinstanz, diese beiden inneren Teammitglieder managen?

Glaubenssätze mit Annika, Pippi und dem Lebenssinn in Reflexion bringen

Meine aktuelle Lieblingsmethode zur Arbeit mit Glaubenssätzen ist die APS-Aufstellung (*Annika, Pippi, Sinn*; s. Abbildung 15), kurz: die »Pippi-Strategie«. Ich experimentiere schon lange damit und ich habe das Gefühl, dass dieses Tool für meine Kundinnen und Kunden sehr nützlich ist. Im Grunde geht es um drei Elemente:

1. Der (Lebens-)Sinn – die Antwort auf die Fragen: Was für ein Mensch willst du sein und wozu willst du dieses Leben nutzen?
2. Annika – die Seite der Loyalität verbunden mit Bindungen, Regeln, Kontrolle, anderen gefallen wollen, Leistungsansprüchen etc.,
3. Pippi – die Seite der Autonomie verbunden mit Neugier, Wachstum, Lust- und Genussbedürfnissen etc.

Über Bodenankerarbeit lade ich die Menschen dazu ein, in oben genannter Reihenfolge auf einen hinderlichen Glaubenssatz zu schauen, um im Anschluss einen neuen Hirnkuss zu (er)finden.

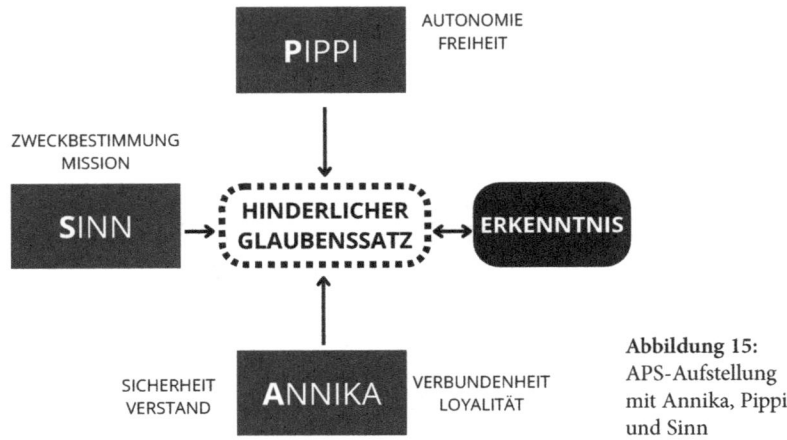

Abbildung 15:
APS-Aufstellung
mit Annika, Pippi
und Sinn

Ich gebe Ihnen eine kleine Anleitung mit auf den Weg:

1. Schreiben Sie Ihren zu bearbeitenden Stressverstärker/irrationalen Gedanken/ Glaubenssatz (z. B. »Alle müssen mich lieben!«) auf ein Blatt Papier (A4; Anordnungen s. Abbildung 15) und stellen Sie sich darauf!
   Fühlen Sie sich ein! Lassen Sie einige Begebenheiten durch Ihren Kopf gehen, bei denen dieser Glaubenssatz für Sie prägnant war. Gehen Sie quasi in eine »stressige Situation«.
   Stellen Sie sich anschließend folgende Fragen:
   - Welche Unterschiede nehmen Sie wahr?
   - Was sagt Ihr Körper (Gestik, Mimik, Körperempfinden)?
   - Welche Gedanken haben Sie?
   - Welche Gefühle sind präsent?
2. Nehmen Sie ein weiteres Blatt Papier, schreiben Sie »SINN« darauf und legen Sie es auf den Boden. Stellen Sie sich auf das Blatt und fühlen Sie sich gründlich ein (dazu helfen oben genannte Aspekte aus Facette 1, S. 31 ff.).
   Aus der Position Ihres Lebenssinns fragen Sie sich:
   - Wie sinnvoll ist dieser Glaubenssatz?
   - Was denkt der Lebenssinn darüber?
   - Führt dieser Glaubenssatz zu einem würdevollen und gesunden Leben?
   - Welchen Tipp gibt der Lebenssinn an mich selbst?
   - Was soll ich anders denken, fühlen oder tun?

3. Nehmen Sie ein weiteres Blatt Papier, schreiben Sie »ANNIKA« darauf und legen Sie es auf den Boden. Stellen Sie sich auf das Blatt und fühlen Sie sich gründlich ein.
Aus der Position Ihrer Annika fragen Sie sich:
- Welche Unterschiede nehmen Sie wahr?
- Was denkt (Ihre) Annika darüber?
- Was sagt der Kopf dazu?
- Mal angenommen, Annika möchte, dass es Ihnen gut geht – welchen Tipp gibt Annika an Sie?
- Was sollen Sie anders denken, fühlen oder tun?
4. Nehmen Sie ein weiteres Blatt Papier, schreiben Sie »PIPPI« darauf und legen Sie es auf den Boden. Stellen Sie sich auf das Blatt und fühlen Sie sich gründlich ein.
Aus der Position Ihrer Pippi fragen Sie sich:
- Welche Unterschiede nehmen Sie wahr?
- Was denkt (Ihre) Pippi darüber?
- Was sagen der Bauch und das Herz dazu?
- Mal angenommen Pippi möchte, dass es Ihnen gut geht – welchen Tipp gibt Pippi an Sie?
- Was sollen Sie anders denken, fühlen oder tun?
5. Nehmen Sie ein weiteres Blatt Papier, schreiben Sie »ERKENNTNIS« darauf und legen Sie es auf den Boden. Stellen Sie sich auf das Blatt und fühlen Sie sich gründlich ein.
Aus dieser Position fragen Sie sich:
- Welche Tipps haben Ihnen die drei Elemente mitgegeben?
- Was nehmen Sie mit?
- Mal angenommen, alle drei Elemente möchten, dass es Ihnen gut geht – was sollen Sie anders denken, fühlen oder tun?

Wie könnte ein Hirnkuss im Sinne von Erlaubnis (»Ich darf…«/»Ich erlaube mir…«) oder ein neues Mottoziel lauten?

Eine alternative Nutzung wäre folgende: Anstelle des hinderlichen Glaubenssatzes können Anliegen aller Art (in Verbindung mit den daraus resultierenden kühnsten Hoffnungen und den bisherigen Lösungsverboten) aus den drei Perspektiven betrachtet werden. Am Ende steht dann die Erkenntnis im Sinne von: Was nehme ich mit? Wie werde ich anfangen zu bemerken, dass ich mich in Richtung meiner kühnsten Hoffnungen bewege? Dieses Arbeits-

Tool nenne ich (vorerst) »sinn- und lösungsinitiierende Potenzialentfaltung« (s. Abbildung 16).

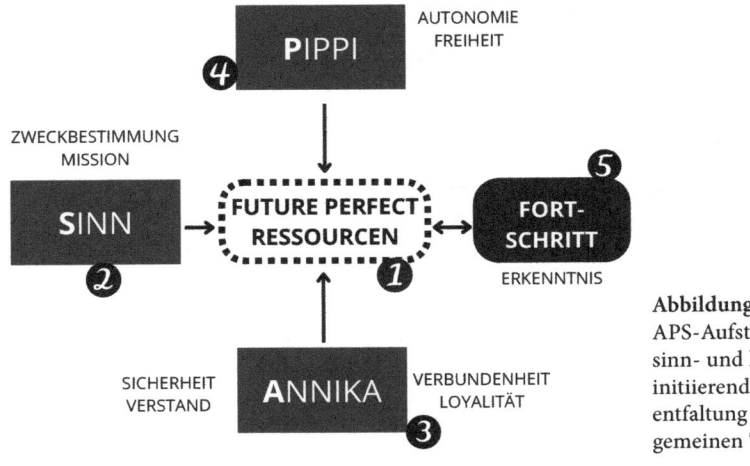

Abbildung 16:
APS-Aufstellung als sinn- und lösungsinitiierende Potenzialentfaltung zu allgemeinen Themen

Die »Tommy-Kompetenz« nutzen

Lassen Sie mich noch einmal auf Tommy zurückkommen. Falls Sie sich selbst in einem Veränderungsprozess befinden, sollten Sie sich eine Mentorin, einen Mentor mit »Tommy-Kompetenz« suchen, der oder die Sie einlädt, ermutigt und inspiriert, neue Erfahrungen im Denken, Fühlen und Handeln zu machen. Sprechen Sie ebenso mit Ihrer bewussten Kontrollinstanz und schauen Sie darauf, dass diese eine hohe Tommy-Kompetenz entwickelt hat. Falls Sie selbst Menschen in Veränderungsprozessen begleiten, sollten Sie über ausreichende Tommy-Kompetenz verfügen. Wenn wir nochmals auf die Installationsdefizite (s. Abschnitt »Balanceakte«, S. 100 ff.) zurückblicken, so lassen diese sich nach Hüther (2001) und in Kombination mit einer Tommy-Instanz folgendermaßen korrigieren:
- Sie sollten jemand sein (bzw. sollten Sie sich jemanden zur Unterstützung suchen), der oder die beides, Denken und Fühlen, gleichermaßen gut entwickelt hat: einerseits Dinge mit kühlem Kopf und intellektueller Fähigkeit angehen und andererseits (gleichzeitig) Gefühle zulassen zu können und sich die Erfahrung zu erlauben, dass mit dieser Balance das Leben bunter, abwechslungsreicher und liebenswerter wird. Reine »Verstandsmenschen« oder »Gefühlsmenschen« sind in ihrer gesunden Entwicklung gefährdet.
- Sie sollten jemand sein (bzw. sollten Sie sich jemanden zur Unterstützung suchen), der oder die eine gute Balance zwischen Autonomie (Pippi) und

Verbundenheit (Annika) für sich gefunden hat: einerseits mit Menschen und Umwelten verbunden zu sein und andererseits den eigenen Bedürfnissen zu folgen und frei wachsen zu können.
- Sie sollten jemand sein (bzw. sollten Sie sich jemanden zur Unterstützung suchen), der oder die ein gutes Gleichgewicht zwischen Offenheit (alles aufnehmen und nichts verpassen wollen) und Abgrenzung (Verschlossenheit, Routinen, Rückzug) gefunden hat: Einerseits gilt es, bei zu starker Offenheit und der daraus resultierenden Reizüberflutung mit der »Strukturierung des Lebens« (Planung, Ordnung, Kontrolle) ein Gegengewicht zu finden. Andererseits ist es bei zu starker Abgrenzung wichtig, Reize zu forcieren, die etwas mehr Chaos im Leben erzeugen, etwas mehr Unvorhersehbarkeit schaffen oder dafür sorgen, dass weniger Regelmäßigkeit und Struktur entsteht.

Lassen Sie uns nun abschließend gemeinsam an die Bar gehen.

Vierter Kuss:
Gedanken zum Abschluss in der Wunderbar

>»Wer nicht liebt Wein, Weib und Gesang, der bleibt ein Narr sein Leben lang.«
>Martin Luther

Gehe in deine Wunderbar, denn: Das Leben ist wunderbar! Du bist einzigartig! Gehe an deine Wunderbar und bestelle dir ein einzigartiges und wunderbares Wunder. Ja, du merkst sicherlich, wir sind jetzt beim »Du«. Ich denke, die Zeit ist auch reif dafür, oder? Spätestens in der Kneipe sollten die Menschen sich duzen. Und jetzt erst merke ich auch, dass ich dich die ganze Zeit gesiezt habe. Das ist an sich ziemlich ungewöhnlich für mich, da ich jemand bin, der sehr schnell ins Du geht. Frag mal meine Kundinnen und Kunden oder Seminarteilnehmenden.

Wir sind jetzt also in der Kneipe namens »Wunderbar«. Bestelle dir etwas Neues! Versuche dich nicht (dauerhaft) im (gesollten) Leben zu optimieren, zu pimpen. Es geht (vielleicht) nicht (immer) um Funktionsoptimierungen im Sinne von Zielsetzung und Zielerreichung durch einzelne Schritte. Nein, es geht (vielleicht manchmal mehr) um Musterwechsel, um eine Entscheidung. Frag dich einmal: Wer will ich morgen sein und wozu? Schluss mit Jammertal! Willst du einen funktionierenden Zukunftsentwurf? Wenn ja, los geht's! Entscheide dich auf einer Skala von 1 bis 10 für einen neuen Weg und frage dich jeden Tag:

> Auf einer Skala von 1 bis 10 (wobei 10 für mein kühnstes, hoffnungsvollstes und gewolltes Leben steht und 1 für das Gegenteil): Wo stehe ich heute? Was werde ich jetzt tun, um mich weiter in diese Richtung zu bewegen?

Das klingt nach »zeitgeistigem Optimierungswahn«? Jein. Es gibt eine Seite in mir, die den Gedanken »Alles ist veränderbar!« sehr befürwortet. Gleichzeitig würde ich mir für uns mehr Dankbarkeit, Demut und Zufriedenheit wünschen – für die Dinge, die so sind wie sie sind. Vielleicht sind viele unserer Probleme luxuriös, zumindest wenn wir den Blick über unseren Tellerrand hinaus in die weite Welt wenden. Glück können wir alle im Kleinen finden. Glück ist Bronze (wir hätten ja auch auf Platz vier und damit nicht auf dem Treppchen landen können)! Schauen wir also auch auf das, was wir haben. Vielleicht ist es okay, gewisse Lebenszeiten eher in einem gesollten Stadium zu verbringen. Akzeptanz kann auch eine Lösung sein. Reflektiere jedoch gut! Das Leben ist schließlich irgendwann vorbei.

So oder so: Besuche so oft es geht die Wunderbar. Sie ist überall dort, wo du sie suchst. Sie ist genauso, wie du es dir vorstellst. Du designst die äußere Erscheinung, die Innenausstattung, das Personal, den Geruch und alles andere. Jede Wunderbar hat jedoch eine existenzielle Grundlage: die »Drei goldenen Regeln der Veränderung«, die am Eingang auf einem Schild zu finden sind:

Willkommen in der Wunderbar!

Die drei goldenen Regeln der Veränderung

FOKUSSIERE DIE *LÖSUNG*!
Definiere deine kühnste Hoffnung, dein attraktivstes Ziel so sinnvoll wie möglich!

SCHAU NACH *RESSOURCEN*!
Was funktioniert bereits? Was geht schon alles in die gewünschte Richtung?
Wann und wie hattest du schon kleine Erfolge und welche Ressourcen hast du?
Was lässt dich auf weiteren Erfolg vertrauen?

BESCHREIBE DEN *ANFANG*!
Wie wirst du anfangen zu bemerken, dass es in eine gute Richtung geht?
Wie genau wirst du Hindernisse und Ambivalenzen bewältigen?

Ebenso gibt es in jeder Wunderbar vier verschiedene Theken, an welchen ganz bestimmte Drinks angeboten werden. Über den Theken hängen Schilder: *Selbstverantwortung*, *Ergebnis*, *X-Faktor* und *Yes*. Erkennst du das Schema wieder? Für die Drinks wird eine Reihenfolge empfohlen, jedoch ist das kein Dogma. Es ist deine Bar. An den jeweiligen Theken findet man unterschiedliche Getränkekarten. Jeder dieser Drinks lädt dich zu einem Denkangebot ein. Denke in diese Richtung, während du genießt.

Selbstverantwortung

»THANX XL«
Herausfinden, wofür du dankbar sein kannst

»SOLUTION SHOT«
Schluss mit Jammern
Akzeptanz und Lösungstrance herstellen

»ME TAI«
Du kannst nur dich selbst und niemand anderes verändern

»OPTION KAMIKAZE«
love it, change it, leave it

Ergebnis

»SEX ON THE DREAMS«
Kühnste Hoffnungen (er)finden

»DIGNITY PUNCH«
In Gesundheit und Würde leben

X-Faktor

»UNCERTAIN COLADA«
Ambivalenzen zum Schwingen bringen

»BARRIER LIBRE«
Hindernisse managen

> Yes!
>
> »RESOURCES SUNRISE«
> Ressourcen erkunden und vitalisieren
>
> »STEPIRINHA«
> Möglichkeiten von Schritten entwickeln
>
> »LONG ISLAND TRUST TEA«
> Zuversicht stärken

Ich hoffe, ich konnte dich etwas an- und vielleicht sogar aufregen. Sei der Barkeeper beziehungsweise die Barkeeperin deines Lebens! In diesem Sinne möchte ich dieses Buch auch schließen. Ich verabschiede mich, wie ich mich immer verabschiede: Vielen Dank für die Zusammenarbeit und gute Reise.

Dank

Ich möchte an dieser Stelle einigen Menschen »Danke« sagen. Zuallererst bedanke ich mich bei meiner Familie: Liebe Anni, liebe Luna, lieber Jim, ihr seid meine kraftspendende Basis. Danke, liebe Judith Fischer-Götze und liebe Pia Claußnitzer, für die wohltuenden Anregungen und die Korrekturen. Danke, Claudia Ratering, für Deine guten Impulse in unserer Zusammenarbeit und den kritisch-wohltuenden Blick. Danke, meine lieben Seminarteilnehmenden, Kundinnen und Kunden, für die vielen Anregungen und Fragen. Vielen Dank an Sandra Englisch, die mich zu diesem wunderbaren Verlag eingeladen hat, und an Dorothee Emsel, die mich liebevoll-hartnäckig beim Texte-Feilen unterstützt hat.

Danke, liebe bislang nicht Erwähnte, für all das, was ihr beigetragen habt.

Literatur

Antonovsky, A. (1997). Salutogenese: Zur Entmystifizierung der Gesundheit. Tübingen: Dgvt.
Auszra, L., Herrmann, I. R., Greenberg, L. S. (2017). Emotionsfokussierte Therapie. Ein Praxismanual. Göttingen: Hogrefe.
Bandler, R., Grinder, J. (1981). Metasprache und Psychotherapie: ein Buch über Sprache und Therapie (= Die Struktur der Magie. Band 1). Paderborn: Junfermann.
Berg, I. K., de Jong, P. (2003). Lösungen (er)finden. Das Werkstattbuch der lösungsorientierten Kurztherapie (5. Aufl.). Dortmund: Verlag modernes Lernen.
Bohne, M. (2007). Feng Shui gegen das Gerümpel im Kopf. Blockaden lösen mit energetischer Psychologie. Reinbek: Rowohlt.
Bohne, M. (2010). Bitte klopfen! Anleitung für emotionale Selbsthilfe. Heidelberg: Carl-Auer.
Bucay, J. (2007). Der angekettete Elefant. In T. Küchler (2016). Veränderung muss S.E.X.Y. sein! Lösungsorientierte Anregungen für das (Selbst-)Management von Veränderungen. Dortmund: Verlag modernes lernen.
Dilts, R. B. (2006). Die Veränderung von Glaubenssystemen: NLP-Glaubensarbeit. Paderborn: Junfermann.
Ellis, A. (1997). Grundlagen und Methoden der rational-emotiven Verhaltenstherapie. München: Pfeiffer.
Gerrig, R. J., Zimbardo, P. G. (2008). Psychologie (18. Aufl.). München: Pearson Studium.
Hammel, S. (2017). Grüßen Sie Ihre Seele! Therapeutische Interventionen in drei Sätzen. Stuttgart: Klett-Cotta.
Hammel, S. (2021). Leere Wohnung. https://www.stefanhammel.de/blog/2021/01/03/3907/ (Zugriff am 12.01.2023).
Hayes, S. C. (2020). Kurswechsel im Kopf: Von der Kunst anzunehmen, was ist, und innerlich frei zu werden. Weinheim: Beltz.
Hoppe, J. (1988). Die Rational-Emotive Therapie RET. http://psychogen.de/images/downloads/rational_emotive_therapie.pdf (Zugriff am 18.01.2023).
Hüther, G. (1999). Wie aus Stress Gefühle werden. Betrachtungen eines Hirnforschers. Göttingen: Vandenhoeck & Ruprecht.
Hüther, G. (2001). Bedienungsanleitung für ein menschliches Gehirn. Göttingen: Vandenhoeck & Ruprecht.
Hüther, G. (2017). Begeisterung ist wie Dünger für das Gehirn. https://www.faz.net/aktuell/karriere-hochschule/buero-co/hirnforschung-begeisterung-ist-wie-duenger-fuer-das-gehirn-15142152.html (Zugriff am 12.01.2023).
Hüther, G. (2018). Würde: Was uns stark macht – als Einzelne und als Gesellschaft. München: Albrecht Knaus.
Jung, C. G. (1948; überarb. 1950). Aion. Beiträge zur Symbolik des Selbst. In Gesammelte Werke 9/2, § 13–19.

Junker, S. (2017). Selbstfürsorge. Brenne für deine Arbeit – ohne zu verbrennen. https://www.youtube.com/watch?v=GueGN3nRn9 g (Zugriff am 28.12.2019).
Kaluza, G. (2004). Stressbewältigung. Trainingsmanual zur psychologischen Gesundheitsförderung. Berlin/Heidelberg: Springer.
Katie, B., Mitchell, S. (2002). Lieben was ist. Wie vier Fragen Ihr Leben verändern können. München: Goldmann.
Küchler, T. (2016). Veränderung muss S.E.X.Y. sein! Lösungsorientierte Anregungen für das (Selbst-)Management von Veränderungen. Dortmund: Verlag modernes lernen.
Küchler, T. (o. J.). https://www.potenzialentfaltung.org/ (Zugriff am 20.01.2023).
Kühling, L. (2018). Biographieorientierte Teamentwicklung. Konzept – Methode – Erfahrungen. https://docplayer.org/111487869-Biographieorientierte-teamentwicklung-konzept-methode-erfahrungen-ludger-kuehling.html (Zugriff am 15.07.2019).
Lawley, J., Way, M. (2022). Erkenntnisse im Raum. Mit Clean Space Kreativität anregen, Ideen generieren und Probleme lösen. Heidelberg: Carl-Auer.
Meier, D., Szabó, P. (2008). Coaching. Erfrischend einfach. Einführung ins lösungsorientierte Kurzzeitcoaching. Norderstedt: Books on Demand.
Meiss, O. (2016). Hypnosystemische Therapie bei Depression und Burnout. Heidelberg: Carl-Auer.
Mücke, K. (2004). Hilf Dir selbst und werde, was Du bist. Anregungen und spielerische Übungen zur Problemlösung und Persönlichkeitsentfaltung. Lehr- und Lernbuch Systemisches Selbstmanagement. Potsdam: Klaus Mücke Ökosysteme Verlag.
O'Connor, J., Seymour, J. (2010). Neurolinguistisches Programmieren. Gelungene Kommunikation und persönliche Entfaltung (20. Aufl.). Kirchzarten bei Freiburg: VAK.
Oettingen, G. (2017). Die Psychologie des Gelingens. München: Droemer.
Oettingen, G. (o. J.). http://woopmylife.org (Zugriff am 09.11.2022).
Prior, M. (2015). MiniMax-Interventionen: 15 minimale Interventionen mit maximaler Wirkung (12. Aufl.). Heidelberg: Carl-Auer.
Purps-Pardigol, S. (2015). Führen mit Hirn. Mitarbeiter begeistern und Unternehmenserfolg steigern. Frankfurt a. M./New York: Campus Verlag.
Reinwarth, A. (2018). Das Leben ist zu kurz für später: Stell dir vor, du hast nur noch ein Jahr – ein Selbstversuch, der dein Leben verbessern wird. München: mvg Verlag.
Reinwarth, A. (o. J.). https://am-arsch-vorbei.de/ (Zugriff am 28.06.2020).
Satir, V., Banmen, J., Gerber, J. (2007). Das Satir-Modell (3. Aufl.). Paderborn: Junfermann.
Schulz von Thun Institut für Kommunikation (2022). https://www.schulz-von-thun.de/die-modelle/das-werte-und-entwicklungsquadrat (Zugriff am 20.01.2023).
Shazer, de S., Dolan, Y. (2020). Mehr als ein Wunder. Lösungsfokussierte Kurztherapie heute. (7. Aufl.). Heidelberg: Carl-Auer.
Sparrer, I. (2004). Wunder, Lösung und System. Lösungsfokussierte Systemische Strukturaufstellung für Therapie und Organisationsberatung (3. Aufl.). Heidelberg: Carl-Auer.
Storch, M. (2013). Das Zürcher Ressourcen Modell ZRM: Ressourcen aktivieren mit Motto-Zielen. In J. Schaller, H. Schemmel (Hrsg.), Ressourcen. Ein Hand- und Lesebuch zur psychotherapeutischen Arbeit (2. Aufl.) (S. 247–259). Tübingen: dgvt-Verlag.
Storch, M., Krause, F., Weber, J. (2022). Selbstmanagement – ressourcenorientiert: Theoretische Grundlagen und Trainingsmanual für die Arbeit mit dem Zürcher Ressourcen Modell (ZRM®). Bern: Hogrefe.
Storch, M., Kuhl, J. (2017). Die Kraft aus dem Selbst. Sieben PsychoGyms für das Unbewusste (3. Aufl.). Bern: Hogrefe.
Störzer, M. (2020). Monkey Mind. Mentalhygiene für mehr Freude im Alltag. Norderstedt: Books on Demand.
Strelecky, J. (2009). The Big Five for Life. Was wirklich zählt im Leben. München: DTV.

Strelecky, J. (2017). Wiedersehen im Café am Rande der Welt. Eine inspirierende Reise zum eigenen Selbst. München: DTV.

Strosahl, K. D., Hayes, S. C., Wilson, K. G., Gifford, E. (2004). An ACT primer. In S. C. Hayes, K. D. Strosahl (Eds.), A practical guide to acceptance an commitment therapy (pp. 31–58). New York: Springer.

Szabó, P. (2015). Wie wir die Dauer von Coaching beeinflussen. Coaching-Newsletter Januar 2015. https://www.coaching-newsletter.de/archiv/2015/2015-01.html (Zugriff am 12.01.2023).

Truchseß, N. (2018). Glaubenssätzen auf der Spur. Wie Sie Ihr Leben selbst steuern, statt Hirngespenstern zu folgen. Offenbach: GABAL.

Vollmer, A. (2019). Unternehmensführung: Was wir von Ernie und Bert lernen können. t3n digital pioneers: https://t3n.de/news/fuehrung-ernie-bert-1135635/?utm_source=rss&utm_medium=feed&utm_campaign=karriere&xing_share=news (Zugriff am 26.06.2019).

Wagner-Link, A. (2010). Verhaltenstraining zur Stressbewältigung. Arbeitsbuch für Therapeuten und Trainer (6. Aufl.). Stuttgart: Klett-Cotta.

Watzlawick, P. (2009). Anleitung zum Unglücklichsein. München/Zürich: Piper.

Wengenroth, M. (2017). Therapie-Tools: Akzeptanz- und Commitmenttherapie (ACT) (2. Aufl.). Weinheim/Basel: Beltz.

WHO (Weltgesundheitsorganisation/World Health Organization) (2020). Constitution of the World Health Organization. In Basic Documents, Forty-ninth edition (pp. 1–19). Geneva: WHO.

Witzleben, G. von (2019). Das triadische Prinzip. Minimalinvasive Psychologie mit Bauch, Herz und Kopf. Heidelberg: Carl-Auer.